從臺中雙冬疏散學校到內地復員

一位臺北女子師範學校教授在戰爭末期的紀錄

繪卷

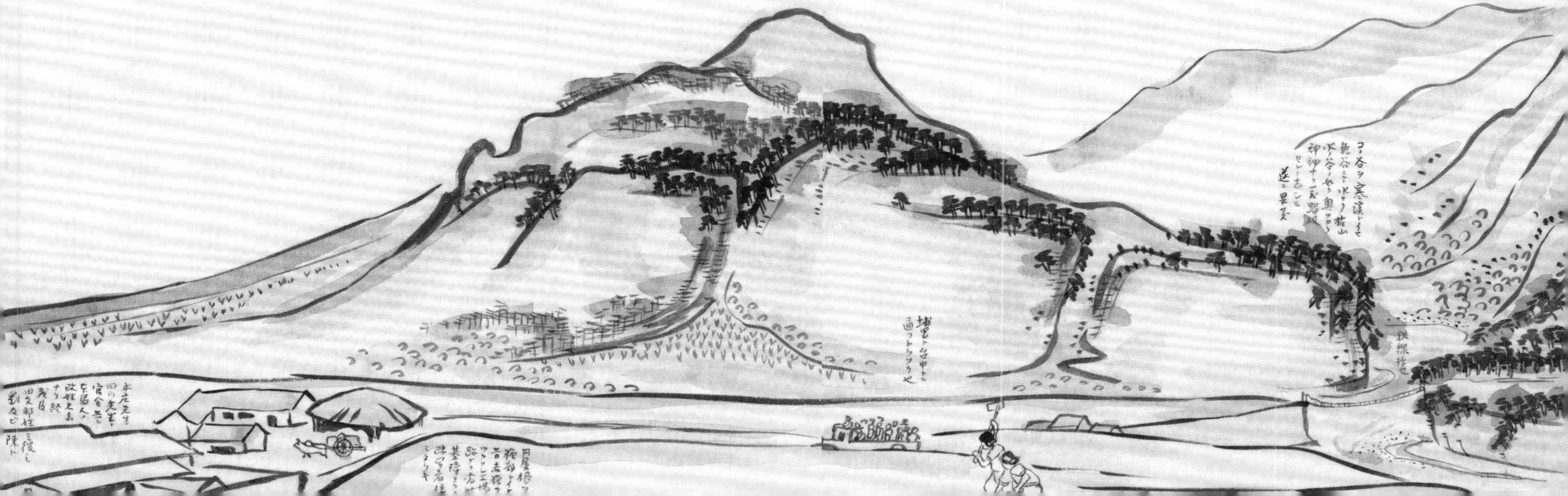

【序文】

華麗島美談

——讀《從臺中雙冬疏散學校到內地復員》繪卷內文有感

如果人生是戲劇，它所站立的土地便是舞台；民族也是一樣，所有的成員都是演員，而所賴以生存的廣大土地，就是一個更大、更大的舞台。過去習於被殖民的臺灣，又與不同的殖民者，在不同的時間中分別進行一幕一幕的演戲，舞台上人來人去、上上下下，似乎相當匆忙，劇情也相當複雜，啊！這樣一代過一代，已經是幾百年的連續劇了。

殖民者雖然不同，而取得統治權卻都不必徵得臺灣人的同意。政權更迭無權過問，由於司空見慣，就變得麻木不仁；臺灣人演戲也只是照本宣科、虛應故事罷了。有識見的人常自嘲「臺灣人奴隸性」，可說一針見血，因為既是奴隸，又何必賣力演出呢？

臺灣人對自己的舞台角色有冷漠感，演好演壞已經不怎麼在乎，至於對殖民者演完後如何離開，又何苦、何堪、何暇、何必去特別在意呢？荷蘭人被逐出臺灣的無奈，鄭氏王朝結束後的命運，清帝國交出臺灣時的心情，以及日本人戰敗離開的種種滋味，對臺灣人而言，恐怕都不是什麼值得一談的話題。

話這麼說，但讀過圖文並茂的《從臺中雙冬疏散學校到內地復員》繪卷內文後，我個人則顯得有些猶豫，真的凡事只須向前瞻、不必往後看嗎？未來總比過去重要嗎？被殖民者關心自己就好，不必在乎殖民者的下場嗎？在臺灣島上演戲，只有臺灣人才是主角，其餘都只是配角嗎？

我出生在一九四一年，四歲前還是「小皇民」，戰爭末期也隨著父母「疏散」到南投，一樣有躲空襲、跑防空壕的經驗與記憶，這樣的人生序幕不也部分重疊了塩澤亮的經驗與記憶嗎？比我年齡大的臺灣人，重疊更多，他們的人生可說完成於日治時代，幾乎與塩澤亮完全站在同一個舞台上一起演戲，如果對塩澤亮的故事，我們全然無動於衷，沒有一點兒同理心、同情心，甚至連一點兒好奇心都沒有，那也是不可以的。

塩澤亮提到昭和二十年（一九四五年）八月十五日早晨，他才確知日本已經無條件投降，眼看在臺灣的日本教育即將結束，他下定決心：「只要還有預算就繼續到底。從血染芝山岩為始的本島教育，讓他結束於雙冬。我決定把承繼芝山岩學堂傳統的臺北師範精神發揮到極點。」僅此一段話，就可以看出塩澤亮及無數像他一樣奉獻於臺灣教育的日本老師們，是何等地可敬可貴之至！他們在臺灣辦教育，不但戰鬥到一兵一卒，也戰鬥到最後一分一秒。

中國人來了以後，在臺北的本校被接收，改名為「省立臺灣女子師範學校」，塩澤亮因具有專長被延攬下來，「成為第一個被徵用的日本人」，繼續在該校服務。他又自述：「我要讓他們佩服日本人雖打敗仗，但有本事，遂積極認真，頗獲信賴。」此話如對照他幾次請辭要求解除徵用，卻未被認可，反而考慮制定優待辦法留下他，以及任培道校長「特給我六百圓薪俸做為送行費用」等情節，更可以知道塩澤亮在他的人生大戲中，此時演了重頭戲，劇力萬鈞，非常震撼！

相對於這時期這樣的日本人，有些被稱為「老鰻」（流氓）的臺灣人，以及「賄賂之事，習以為常」的中國人，這時也結伴出場。塩澤亮觀察入微，當時奇聞異事無所遁形，特別提到：「光是臺中州的警察被殺死的就有五十六名，而被傷害、被掠奪的，不計其數。」這樣的紀錄，著實令人驚怵與羞愧。但此事又不免讓人懷疑，像塩澤亮這樣的日本老師在臺灣的教化，豈非等於白費嗎?!好像對「老鰻」，日本現代教育一點兒也沒效用。

其哲嗣塩澤襄先生在附錄的紀念文中談到：「很多人勸我父親到臺灣一遊，但父親一次也沒去。父親不想再訪臺灣的理由，似乎成了可理解又不可理解之謎。」其實此事易於理解，因為他不願意回到傷心地，以免撩起太多、太痛苦的回憶，這是人之常情。

殖民地畢竟是殖民地，舞台上的民族感情因素，內化後已緊繃到隨時會爆裂的臨界點。殖民統治不易，結束時尤為艱難；猶如刀之兩刃，有時會傷到自己。充滿南方情調的臺灣，忽然變成地獄島，像塩澤這樣對殖民地用情甚專的當事人是不會想通的，然而他的長女、年屆八十的泰子女士，在附錄的紀念文中，則以人類罕見的成熟高度，道出問題所在：

「懷念的故鄉臺北，現在想來，變成難過、虧心、對不起的臺灣。當然不是我一個人的責任，也不是日本攻佔臺灣。而是因為日清戰爭的結果，把臺灣割讓給日本，以後就成了日本的領土。無視島民的意志，只因國與國的方便，任意割捨與收受，實令人難以忍受。」

好一句「無視島民的意志」，就點出了殖民者必備嘗殖民統治結束後所有苦果的原因。這位頗具反省能力的泰子女士，已經足以代表戰後部分日本人的良知，同時，也給殖民地戲劇下了最精闢的註解。泰子女士的真知灼見，還適用在沖繩，她說：「比起過去的臺灣，現在的沖繩更不幸。」又直截了當地說：「沖繩應該給沖繩才對。」「最近我愈想愈認為沖繩應該脫離日本獨立才好。」她想表達的是：「小國就小國，像歐洲一樣，亞洲成為一個共同體，互相幫助而各自獨立；國與國之間不相爭奪，人民、物產互相交流，互補不足。」這不是人類理想國、世界村的偉大藍圖與願景嗎？當然也暗示著過去殖民統治的錯誤。

如果以泰子女士的態度與觀點，來回顧與詮釋終戰前後的臺灣，才能夠讓日、臺兩國人民因誠實面對歷史而釋懷，並且終能建立真摯的友誼，防止不幸的歷史重演。殖民地的傷痛，經過撫慰可以痊癒，地獄島也可以恢復華麗島。塩澤亮戰後沒有重遊臺灣，倒是他的兒女們，都可欣然返回他們的「心靈故鄉」——雙冬。當讓原是殖民地的人民有機會擁抱昔日的伙伴歸來，而舞台上的演員都浮現了笑容時，那麼悲劇以喜劇收場，劇評家必然就讚歎為「華麗島美談」。戲在這個時候劃下句點，最好！

國史館臺灣文獻館前館長　劉峰松

【作者簡介】

塩澤 亮先生

塩澤亮先生生於明治三十七年（一九〇四年）二月二十日，生於日本仙台市。仙台第二中學校、仙台第二高等學校（理科）、東北帝國大學理學部、京都帝國大學文學部畢業，京都帝國大學大學院修了。

一九二八年任京都府立聾啞學校教諭。一九三二年來臺，任職臺北第一師範學校教授（國語、數學）。一九四五年三月，應召入伍。同年七月，奉令赴雙冬學園，任臺北師範學校女子部部長。戰後留用於該校，從事復建工作。一九四六年三月三十一日離臺返日。前後來臺共十四年，對臺灣師範教育貢獻頗鉅。

一九四六年六月任宮城縣女子專門學校教授。一九四八年以後歷任宮城縣岩出山高校、名取高校、築館高校、石卷高校、涌谷高校校長。最後東北工業大學電子工業高等學校校長退休。

昭和五十一年（一九七六年）十一月二十二日逝世於松島町。享年七十二歲。

【譯者簡介】

張良澤

張良澤教授於一九三九年生於埔里，臺南師範、成大中文系畢業，日本關西大學文學碩士，曾任成大中文系講師，一九七九年赴日本筑波大學任教，後轉任共立女子大學國際文化學部教授。

終生致力整理、翻譯、出版、研究、推廣臺灣鄉土文學，曾編輯《鍾理和全集》、《吳濁流全集》、《吳新榮全集》、《王詩琅全集》等，編譯《立石鐵臣臺灣畫冊》、《臺灣素描》、《由加利樹林裡：芹田旗郎臺灣畫冊及小說》、《日治時期（一八九五－一九四五）繪葉書：臺灣風景明信片臺南州卷》、《臺中繪葉書：日治時期影像與遊記》、《玉井芒果的祕密》（日文版）、《華麗島歲月》等，著有《四十五自述》。

繪卷內文

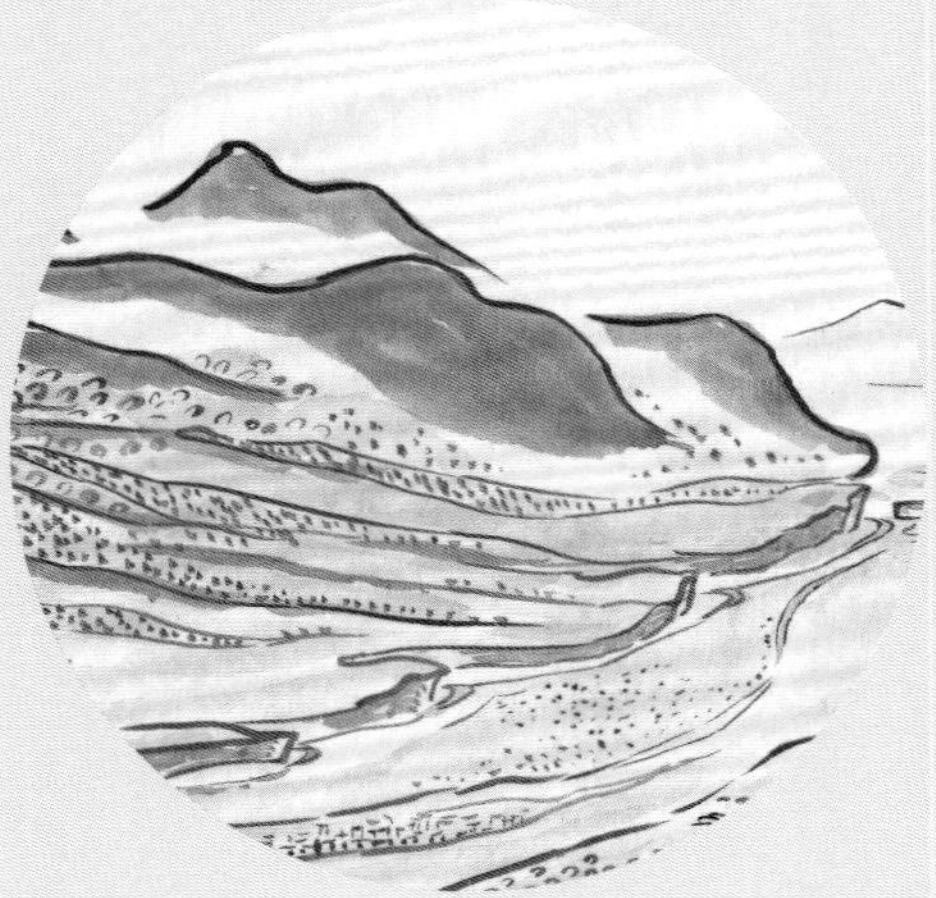

此繪卷是昭和二十一年（一九四六年）四月就任女專①教授之前的一個月失業中，利用閒暇而執筆的。

＊＊＊

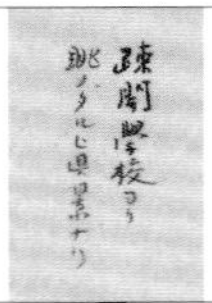

從疏散（避難）學校處眺望遠景。

＊＊＊

昭和二十年（一九四五年）七月五日，我突然從臺灣第一三八六三部隊奉令退役，而受命赴臺中州草屯郡草屯街雙冬（編按：日治時期隸屬於臺中州南投郡，即今之南投縣草屯鎮雙冬里、平林里、土城里東部）的臺北師範學校女子部②疏散學園。此前，昭和十九年（一九四四年）一月十二日，美軍機開始全面空襲臺灣，格拉曼戰鬥機③一百零六架飛來臺北，臺北機場、松山菸廠、鐵道工廠、淡水海軍燃料廠等重要軍事設施，連續燃燒三晝夜。

①女專：即宮城縣立女子專門學校。作者塩澤亮先生於返日後不久，即就任該校教授。其後該校合併於國立東北大學。

②臺北師範學校女子部：戰後獨立為臺灣省立臺北女子師範學校。即現在臺北市立師範學院之前身。

③格拉曼戰鬥機：美國格拉曼公司製造之戰鬥機，為美國於第二次世界大戰時所使用之主力戰機。

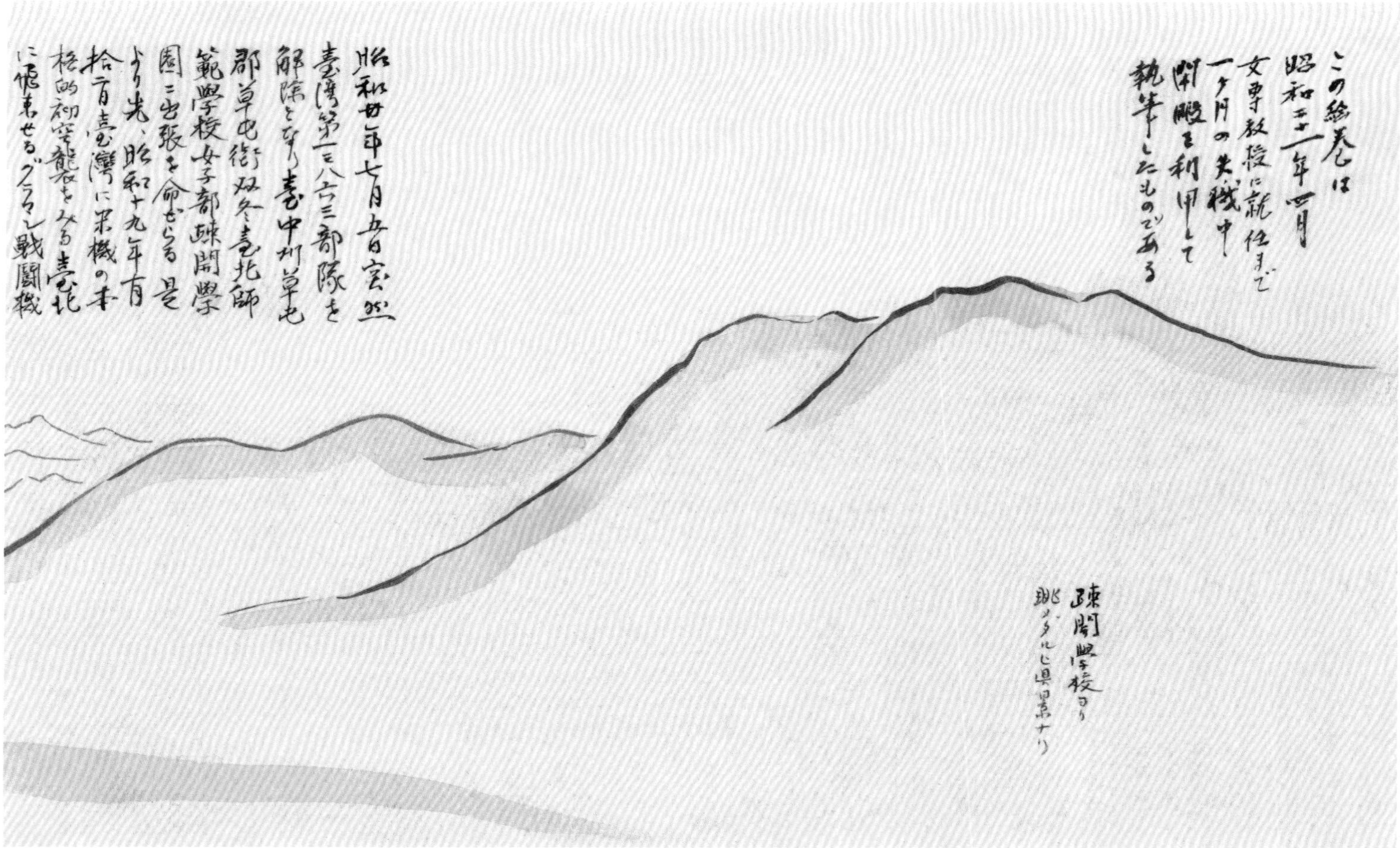
この絵巻は
昭和二十一年四月
文學教授に就任まで
一ヶ月の失職中
閑暇を利用して
執筆したものである
昭和廿年七月五日突然
臺灣第一三八六三部隊を
解除となり臺中州草屯
郡草屯街双冬臺北師
範學校女子部疎開學
園に出張を命ぜらる 是
より先、昭和十九年十月
拾二日臺灣に米機の本
格的初空襲をみる臺北
に飛来せるグラマン戦闘機
疎開學校より

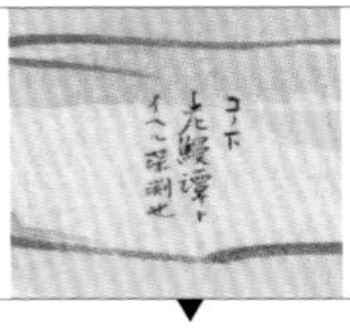

此處下方有名叫「老鰻潭」的深淵。

然而同時，我軍於臺海空戰中戰果輝煌。臺灣即將被指定為第一線戰地，從此連日的空襲愈趨熾烈。幾乎每夜都要趕緊從床上起來五、六次，跑進積了雨水的防空壕。我當時擔任臺北師範學校的教務課長，兼防空防護團的本部指揮負責人，為此，既要發令警報，又要指揮男生部、女生部、附屬第一、第二、第三國民學校及豫科的各防護團，疲勞至極，為此而常常宿校過夜。接著雷伊泰島①被強行登陸，戰勢日非，終至無計可施。只好準備迎戰敵人登陸臺灣，給與敵人打擊，發揮日本人的本領。因此，防空壕的強化、糧食的自給、訓練的徹底等，我都要參與。並且還要督策漸趨戰敗氣氛濃厚的職員與學生。日本內地人的教職員及學生，大部分都被徵召去當兵，留在學校的幾乎都是本島人，管理日趨困難。

＊＊＊

①雷伊泰島（Leyte）：為菲律賓中部之大島。一九四四年十月二十三日至二十六日，美日兩國海軍於該島海灣大決戰，日海軍敗退，從此日軍一蹶不振，之後美軍登陸，展開激烈陸上戰爭。

壹百九機臺北飛行場松
山煙草工場鉄道工場淡
水海軍燃料廠等重要
軍事施設の炎上する事
三晝夜に及ぶ。併し其間
時に台湾沖海空戰の戰
果有り。　臺灣は愈々第
一線戰地と指定せられ是より
連日連夜の空襲益々熾
烈となる　一夜に五六回跳
びおきて雨水の溜まれる防
空壕に入る事数度毎夜也
小生は當時臺北師範學
校の教務課長の職にあり防
空防護團の本部指揮責任
者たるため警報の發令せら
るや約四粁の道を登校して
男子部女子部附屬第一、第二
第三及び豫科の各防護團を
指揮す　疲勞甚しき爲學
校に夜を明かす事度々也
次でレイテ島上陸作戰
強行せられ戰勢為に日に
非なり　然れ共戰爭のかく
なれる上は如何共施すべ
術なし　敵の上陸を迎へて
あくまで是に損害を與
以て日本人たるの矜持を
發揮せんのみ　防空壕の
強化、食糧の自給、訓練
の精到とやゝもすれば敗戰
氣分濃厚とならんとする
職員生徒を督勵す　日本
内地人の教職員生徒は既に
大部分召集せられて學校に
殘留するは殆んど本島人のみ
となり統制日に困難を加ふ

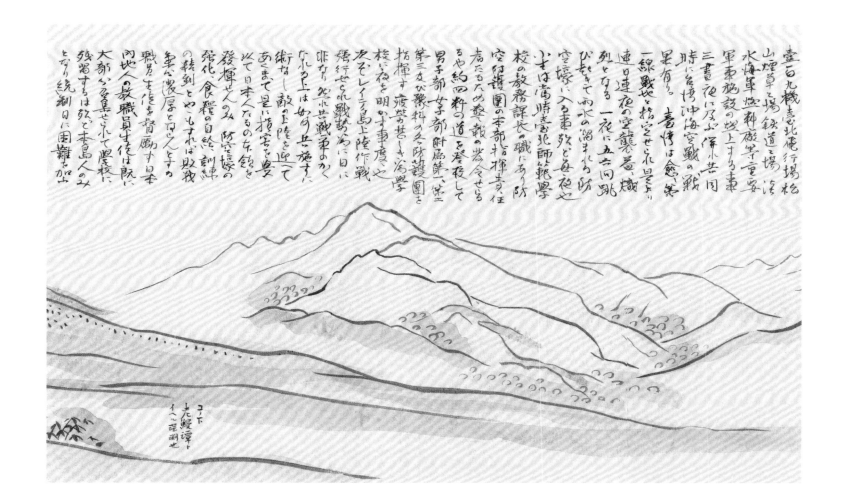

尤其美機開始撒下宣傳單，本島人的人心已有動搖之跡象。臺灣沿岸的要塞化，開始於昭和十八年（一九四三年），臺灣軍司令官安藤利吉大將①兼任臺灣總督，成為軍政一體的態勢，無論從小學生到大學生，甚至隣里班②的婦女，都被動員起來。

＊＊＊

火炎山③

＊＊＊

① 安藤利吉大將：陸軍大將，昭和十六年（一九四一年）十一月任臺灣軍司令官，昭和十九年（一九四四年）九月任第十方面軍司令官，同年十二月兼任臺灣總督。日本投降後，以戰犯名義被捕。昭和二十一年四月十九日自殺於上海獄中。

② 隣里班：日文為「鄰組」。日本地方自治之最末端組織，類似中國之保甲組織。相隣數戶為一組，平時守望相助，戰時則從事防空、消防之活動。

③ 火炎山：本名「九炎山」，又稱「九十九峰」。位於烏溪北岸，介於草屯、國姓鄉、霧峰之間。

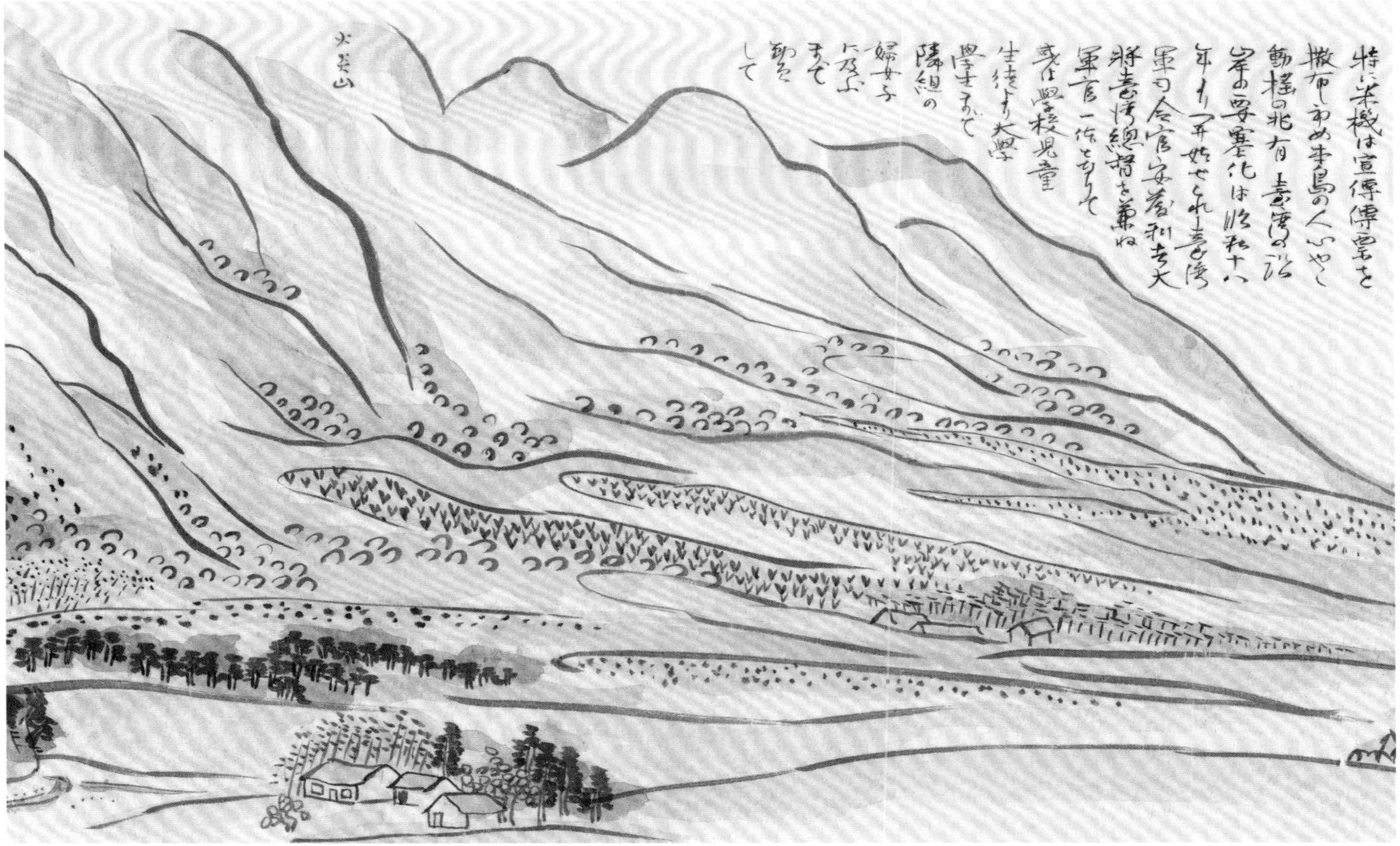
特に米機は宣傳傳單を
撒布しはじめ本島の人心やゝ
動揺の兆有 臺灣の沿
岸の要塞化は昭和十八
年より開始せられ臺灣
軍司令官安藤利吉大
将臺灣總督を兼ね
軍官一体となりて
或は學校兒童
生徒より大學
學生まで
隣組の
婦女子
に及ぶ
まで
動員
して
火炎山

鐵線橋

此山谷名叫「寒溪」（編按：似當作「旱溪」），乾枯無水，有如火山谷，深奧神祕。心想實地訪查一次，但終未實現。

＊ ＊ ＊

為鞏固海岸的防備。我也於昭和十八年六月至七月之間，率領師範學生從事淡水海岸約三公里的戰車壕、機鎗鎗座及溝壕之興建。

＊ ＊ ＊

來往於埔里與臺中之間的卡車。

＊ ＊ ＊

海岸の防備を固む
昭和十八年八月より十二月まで
師範生徒を引率して淡水海約三千口の
戰車壕機関銃座及び塹壕の構築に從事す
鉄線橋也
埔里ト台中トニ通フトラツクゼ

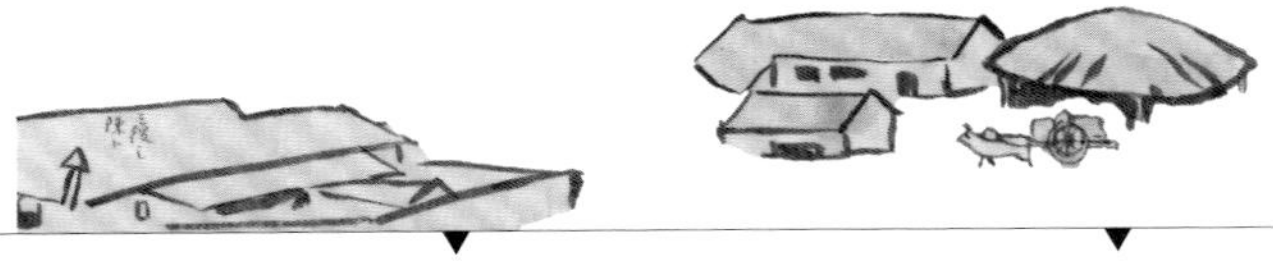

竹一郎①在宜蘭地區興建機場；泰子②從事於電波兵器用的雲母裝配。然皆於昭和二十年一月二日，登陸菲律賓的敵人大舉空襲臺灣時，重要設施幾乎全毀。當時家住新營的大場誠之③舅父，兩次搬家，而兩次都被炸毀家宅。至二月，遂有學生總動員之計畫，不問內地人或臺灣人，凡中學三年級以上，年滿十七歲以上的男子，皆規定編入現役軍人。提前入學考試，三月五日發表專門學校的合格名單，三月二十日一齊實施學徒徵召，命名為臺灣特別警備隊。我應召入臺灣第一三八六三部隊的本部，竹一郎應召入臺灣第一三八六二部隊。我隸屬於宜蘭地區警備的雷神部隊。竹一郎隸屬於「敢一七六七」部隊，

* * *

圓屋頂的叫糖廍，是從前製造赤糖的工廠遺跡。當時從基隆疏散來的人住於此。

* * *

此為本庄先生、田川先生的宿舍。兩人同為本島人之改姓名④者，戰後恢復舊支那⑤姓劉及陳。

① 竹一郎：塩澤亮之長子。
② 泰子：やす子。塩澤亮之長女。
③ 大場誠之：為塩澤亮母親之兄弟。任職於塩水港製糖株式會社。
④ 改姓名：日治時期皇民化運動（一九三七年）以後，鼓勵臺灣人改成日本式之姓名。凡申請審查合格者，可受日本人之同等待遇。
⑤ 支那：為China之譯音。戰前日本人慣稱中國為「支那」。

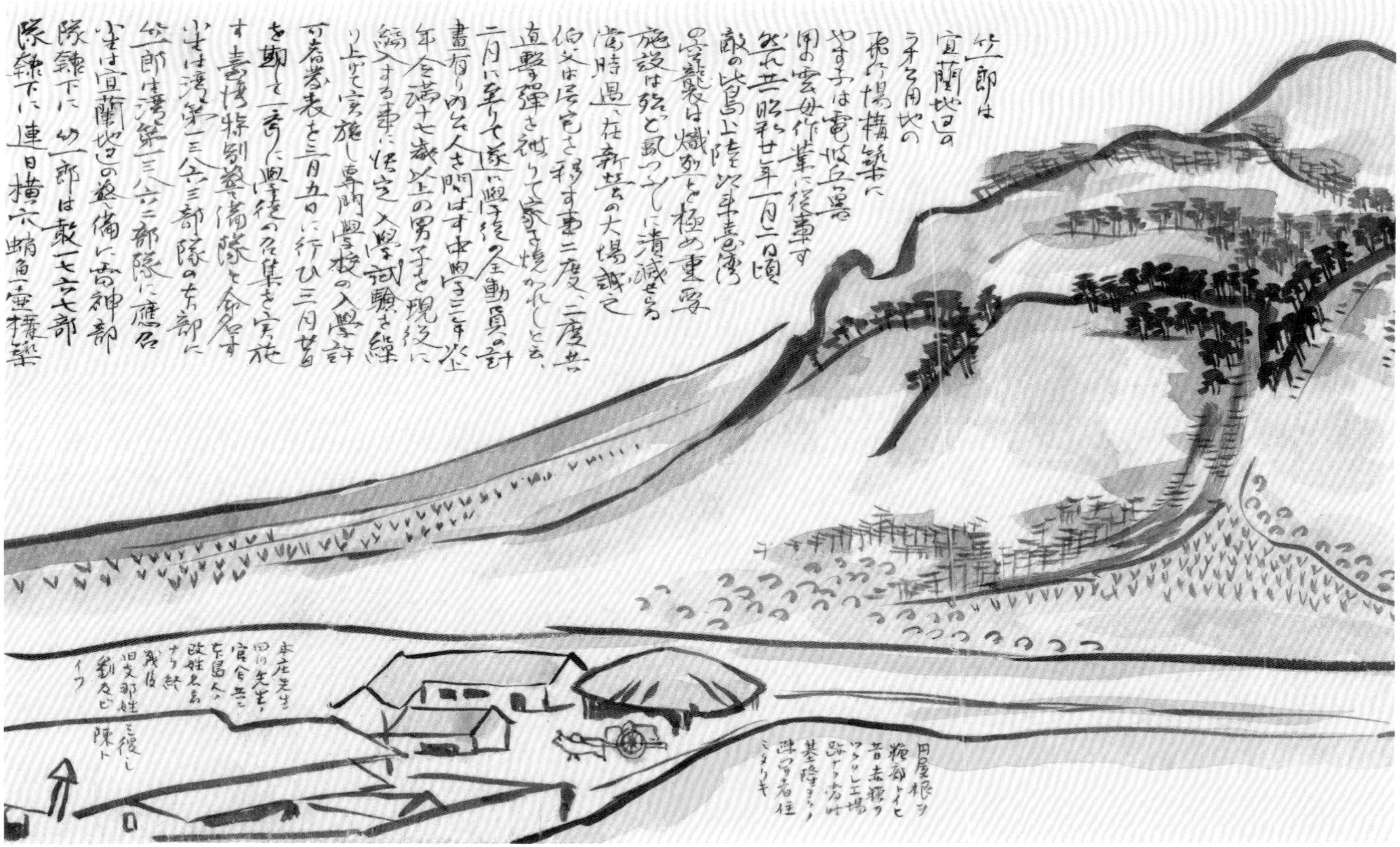
竹一郎は宜蘭地區の
飛行場構築に
やす子は電波兵器
用の雲母作業に從事す
然れ共昭和廿年一月二日頃
敵の比島上陸以來台湾
の空襲は熾烈を極め重要
施設は殆ど虱つぶしに潰滅せる
伯父は居宅を移す事二度、二度共
直撃彈を被りて家を燒かれしと云、
二月に至りて遂に學徒の全動員の計
畫有り内台人を問はず中學三年以上
年令滿十七歲以上の男子を現役に
編入する事に決定、入學試驗を繰
り上げて實施し專門學校の入學許
可者發表を三月五日に行ひ三月廿日
を期して一斉に學徒の召集を實施
す
竹一郎は湾第一三八六二部隊に應召
隊隸下に連日横穴蛸壺構築

連日興建章魚壺橫穴①及小營房。我們從臺北向宜蘭進發，三夜抵三星，四夜抵清水，終入牛鬥部落的蕃山中而穴居。這期間，臺北市及基隆市遭受大轟炸，五月三十一日有B二十四②約一百十二、三架，投下一噸五〇〇公斤的大型炸彈，臺灣總督府、臺電總公司、法院、臺灣銀行、總務長官官邸、軍司令部等皆受轟炸洗禮而完全毀壞。軍方使用中的學校也被炸毀，一中、一女、二女、三女、師範、女子部等被摧毀，臺大只受損一小部分，臺北師範學校的豫科女子部及第三附校雖被炸，幸人員皆無傷亡。是故，女子部校舍全失，決定疏散臺中州下的山中。六月三日出發。我的宿舍在豫科校內，照說應全毀而放棄，不料只有小破而已，可能是因為理科教室的石造房子擋住了爆風。手工藝教室前的炸彈沒有爆炸。當時只有君子③、泰子在家，而我與竹一郎在軍中，淳子④與襄⑤在松山，裕子⑥在頂圃⑦的學童集體疏散地。家族七人，分散五處。

＊＊＊

第二學生寢室圖

＊＊＊

①章魚壺橫穴：即口小肚大之防空壕。
②B二十四：美軍中型轟炸機。
③君子：キミ子。塩澤亮之妻。
④淳子：きよ子。塩澤亮之次女。
⑤襄：じょう。塩澤亮之次子。
⑥裕子：ひろ子。塩澤亮之三女。
⑦頂圃：可能是現在的新北市土城區「頂埔」地方。

に将又小屋（設営）作りに従事す 小生等は初め臺北
にありしが宜蘭に移り三ヶ月三星に四ヶ月清水に遂に
蕃山中に在る牛鬪部落の山中に宿営するに至る
この間臺北市基隆市の大爆撃あり臺北は五月
三十一日B廿四約百拾二三機のため一瞬 五〇〇キロの大型爆弾の洗禮を受け
臺灣總督府、臺電本社、法院、臺灣銀行、總務長官、邸 軍司令部等
重要施設は完全に潰滅しあり軍使用中の學校も亦潰滅し一中一女二女
三女師範、女子部等潰れ去れり大學は一小部の被害のみ 臺北師範學校
は豫科女子部及び第三附屬をやられたるも人員の損害皆無 かくて女子部
はいよく校舎を失ひ近く臺中州下の山中に疎開するに決定し一月三日出発す
小生宅は豫科の校内にありしため全潰のものとあきらめたるも小破のみに終りしは僅
私宅の石造家屋の爆風を遮（きり）しと、第二室前の爆彈不発なりし為にて
當時はキミコやす子の二人のみあり 小生と一郎とは軍に、淳子と襄とは松山に
裕子は頂圃の學童集團疎開地にと家族も名
五ヶ所に分散し居れる時なりき
第二室 生徒居室ノ図

女子部疏散於雙冬之後，陸陸續續有人罹患瘧疾，在疏散人員三百五十三名中，倖免罹患者僅二、三人而已，終至有竹丸同學等三人病死，造成學生甚大的不安。而且森田女子部長的風評不好，村民的責難甚多，加上教職員不信賴森田部長，有人不參加疏散。大浦校長憂之，苦慮善處之道，遂有意叫我來草屯。因此特來清水拜訪一三八六三部隊長，懇求解除我的召集令。於是，七月五日解除了我的召集，我立即於七月十日赴雙冬就任。我到任一看，雙冬學園學生病倒者約八十名，病室無容足之處，滿目慘澹之光景。學生意氣沮喪，暗淡之空氣籠罩全校，真有敗戰前夕之感。學生一心只想回家鄉，忘卻戰鬥，藉口歸省者每天十人左右，謠傳其許可皆靠個人特殊關係。我召集三十名健康者，真誠地告誡她們要一心一意地防止瘧疾，並盡力鼓舞學生的士氣。

＊＊＊

雙冬位於臺中市至埔里的中間，後面依山，前有烏溪，溪的對岸面對火炎山秀峰，可謂天下絕景，彷彿置身於南畫的美圖中。學園向雙冬國民學校①借了三間教室，另外用竹子新建了宿舍三棟分七室及廚房一棟。

①雙冬國民學校：即今之南投縣草屯鎮雙冬國民小學。

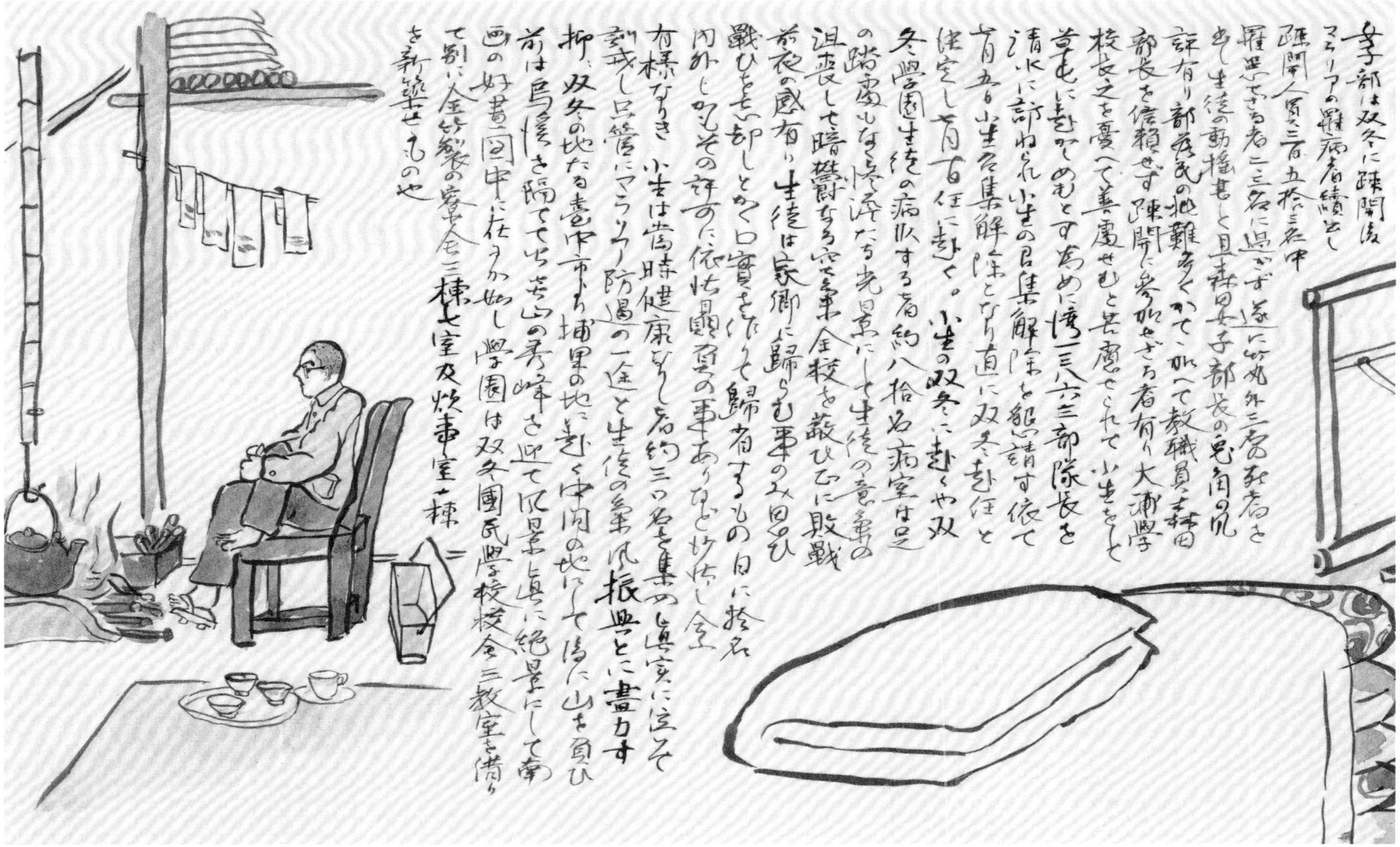
女子部は双冬に疎開後
マラリアの罹病者續出し
疎開人員三百五拾三名中
罹患せざる者二三名に過ぎず遂に病死外三名發者さ
出し生徒の動搖甚しく且森田女子部長の免職の風
評有り部落民の非難多くかてゝ加へて教職員は森田
部長を信頼せず疎開に參加せざる者有り大浦學
校長之を憂へて善處せむと苦慮せられて小生をして
善後に赴かしめむとす爲めに一三八六三部隊長を
清水に訪ねられ小生の召集解除を懇請す依て
八月五日小生召集解除となり直に双冬赴任と
決定し八月十日赴任に赴く。小生の双冬に赴くや双
冬學園生徒の病臥する者約八拾名病室は足
の踏處もなく憔悴たる光景にして生徒の意氣の
沮喪して暗鬱なる空氣全校を蔽ひ正に敗戰
前夜の感有り生徒は家郷に歸らむ事のみ思ひ
戰ひを忘却しとかく口實を作りて歸省するもの日に拾名
内外にしかもその許可に依怙贔屓の事ありなど紛糾し全く
有様なりき 小生は當時健康なりし者約三〇名を集め眞實に泣きて
訓戒し只管にマラリア防遏の一途と生徒の氣風振興とに盡力す
抑々双冬の地たる臺中市より埔里の地に赴く中間の地にして後に山を負ひ
前は烏溪を隔てて此等山の秀峰を迎へて風景眞に絶景にして南
畫の好畫題中に在るが如し學園は双冬國民學校校舎三教室を借り
て別に全竹製の寄宿舍三棟七室及炊事室一棟
を新築せるものなり

燃燒炭化物，以代替燈火。

＊＊＊

鳳凰木又名新加坡櫻花。紅花開滿枝，結子大如豆，類似皂莢木。

＊＊＊

用竹筒引進溪水當生活用水。學生們洗衣服則利用埤圳之水。背後的山全是香蕉山，幾乎每天都派採購生去買香蕉。此埤圳水與溪水中，有瘧疾原蟲，而香蕉葉亦是瘧蚊的棲息處。

＊＊＊

黃昏時，每室前要燻蚊子。燒野生的香水萱，氣味芳香又能趕蚊子。燻蚊子一事，令人懷想起幼年情景。

夕刻各室
毎に室前に於て
蚊ふしを行ふ
香水萱とふもの
ありて野生す方
香ありてよく蚊を
追ふ
蚊ふしはなつかし
き行事にてふる
さとの幼時をし
のびつゝ
溪水を筧に引きて用水となし
生徒の洗濯は埤圳の用水を
用ひ一む裏山の全山はバナナの
山にてバナナは殆ど毎日購買
掛として頒賣せしめたりこの
用水用の埤圳と溪水とにマラ
リア原虫あり且バナナ山の葉
に是亦マラリア蚊の棲む有
鳳凰木トイフ一名ニガポール
梅トモイヒ 毒々花ヲ一面ニ
ワア大ナル豆ヲ結實ス
サイカチニ似タリ
カーバイトを燃やす
ものなり燈火
代用とす

故鄉仙台①浮現腦海。啊！敵機空襲下的父母，不知無恙否？古老的庭園今日是何情景？

＊＊＊

各室輪流炊飯及搬運飯菜。

＊＊＊

鵝群

＊＊＊

學生於洗衣服及洗澡時，常被瘧蚊叮咬。而且被西北雨淋濕而發冷的身體，最易生病。況且在疏散之前的調查不足，欠缺預防瘧疾的準備。建物未完成，薪木未備，還叫學生去後山拾柴，且經過火車長途的疲勞，加上瘧疾，才造成大惡果。於是我決定防止的方針：勵行黃昏的燻蚊，七時入寢室，禁止冷水浴，服用預防藥品，修補病室及寢室的蚊帳，並確立值日制度以強化上述措施。另一方面，為了給學生們娛樂與開朗的心情，舉辦黃昏的聯歡會等。我到任之後，教員們的心情漸趨穩定，亦樂意協助我，因此方策成功而學園的氣象一新。瘧疾患者一天比一天減少，到了七月底，患者只剩一名。這是全體教員之協助與學生們的自覺所致，令人高興無比。

①仙台：日本宮城縣縣政府所在地。為日本東北地區最大之古都。

仙台の事など
おもひから念頭
にうかぶ
あゝ爆撃下
父母は如何に
おはすらむ
古き庭に
果して平
なきや
炊事ヨリ食事ヲ
運ブトコロナリ
各室ヨリ當番ノ
者ノ之ニアタル
鵞鳥
生徒の洗濯
及び水浴中に
マラリア蚊に刺
さるもの多く且
夕立にぬれて冷え
発病する事多き
を認めたり尚疎開
當時調書不十分
にしてマラリアに對する
用意すらなさず疎開
當初は殊に建物未完
成にして薪木もなく生徒を
して裏山に採用せしめたる
等の事ありて從事長途の
疲勞とマラリアと合併して
病者を惹起したる事を
推定し是に防過の方針を
決定し之を勵行す即ち夕方
の蚊ふし勵行、七時入室、水
浴禁止、豫防藥服用、病
室及居室の蚊帳の修繕並に
是を強行するための週番制度の
確立せ一方又生徒に娛樂と
氣分の明快とを與へるため夕
方等の團欒等を催さむ
とて小生の赴任と共に教
員の氣分も先づ落着させ
小生に協力せられたるが爲か兎
に角成功して學園の氣
分も一新してマラリア患者も
日一日と減少し
今月末は遂に
僅か一名のみと
なれり是は
全教官の協
力と生徒の自
覺とによれる
ものにて嬉
しき事限
りなし

一到星期日，就叫學生曬棉被。因為是女學生，所以被單的花樣五顏六色。掛在農園的圍牆上，有如德川初期某將軍的袖屏風①之雅。與小原先生（繪中人物）談笑，說這就是浮世繪②的文人畫，令人會心而笑。

＊＊＊

農場種番薯、山芋。菜園裡種有茼蒿、蔥、茄子、高麗菜、白菜、玉米等。每有收成，就分給學生，大家吃得津津有味。

＊＊＊

圖中的農夫名叫陳阿乾，是雙冬本地人，忠厚的農民。戰爭結束後，他說：「請老師在這裡當農夫，我把土地分給您。」

＊＊＊

① 袖屏風：以華麗之和服掛於大衣架，狀似屏風。

② 浮世繪：十七世紀日本風行的風俗繪。主要以山水、藝妓、演員、武士為描繪對象。有筆畫及版畫兩種。色彩對比強烈，成為日本獨特之美術品。

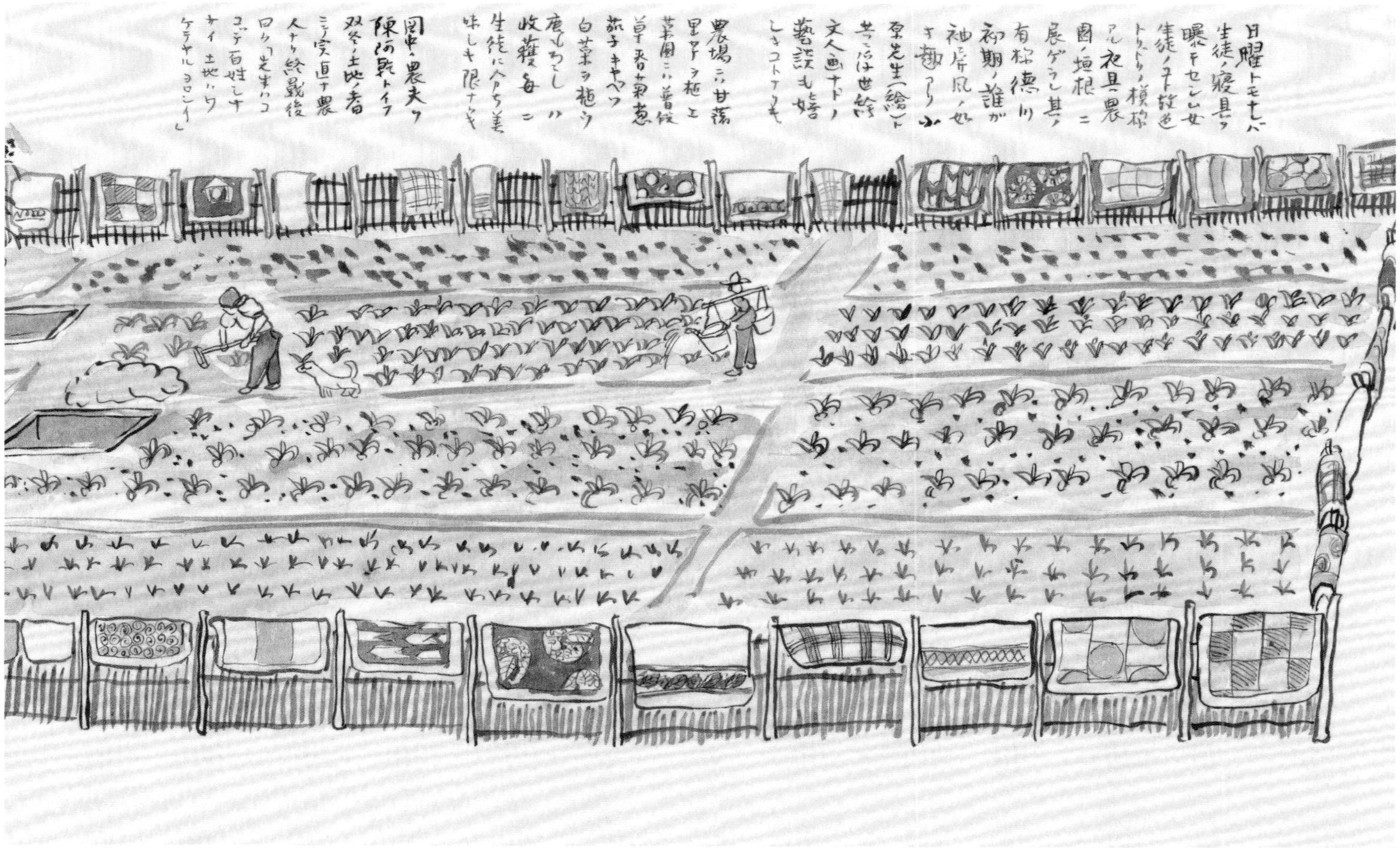
日曜トモナレバ
生徒ノ寝具ヲ
曝ラセシム女
生徒ノ手紡色
トリドリノ模様
アル夜具ノ農
園ノ垣根ニ
展ゲラレ其ノ
有様徳川
初期ノ誰が
袖屏風ノ如
キ趣アリ
原先生(繪)ト
共ニ浮世絵
文人画ナドノ
藝談モ嬉
シキコトナリキ
農場ニハ甘藷
里芋ヲ植エ
菜園ニハ普段
茄子キャベツ
白菜ヲ植ウ
唐もろこしハ
収穫毎ニ
生徒に分ち美
味しき限ナリキ
園中ノ農夫ヲ
陳阿駛トイフ
土地ノ者
ニシ实直ナ農
人ナリ終戦後
曰ク「先生ハコ
コデ百姓シナ
サイ 土地ハワ
ケテヤルヨロシイ」

從校門下坡便是道路

＊＊＊

天色昏暗下來，我們就在校園中眺望遠方的故鄉。

＊＊＊

如是，學生們漸趨安定。於是七月二十六日，決定把我的家族從臺北疏散來雙冬，便麻煩東條「囑託」①北上。前此，三月下旬美軍登陸沖繩本島。沖繩為第十戰區，屬於臺灣軍司令官安藤大將指揮下的地區。沖繩方面的戰況對臺灣影響之大，自不待言。因此，美軍對臺灣的戰略性、政略性轟炸愈來愈激烈。臺北、基隆、新竹、嘉義、臺南、高雄各大都市大半被毀。

①囑託：機關約聘人員。都屬專門人才。

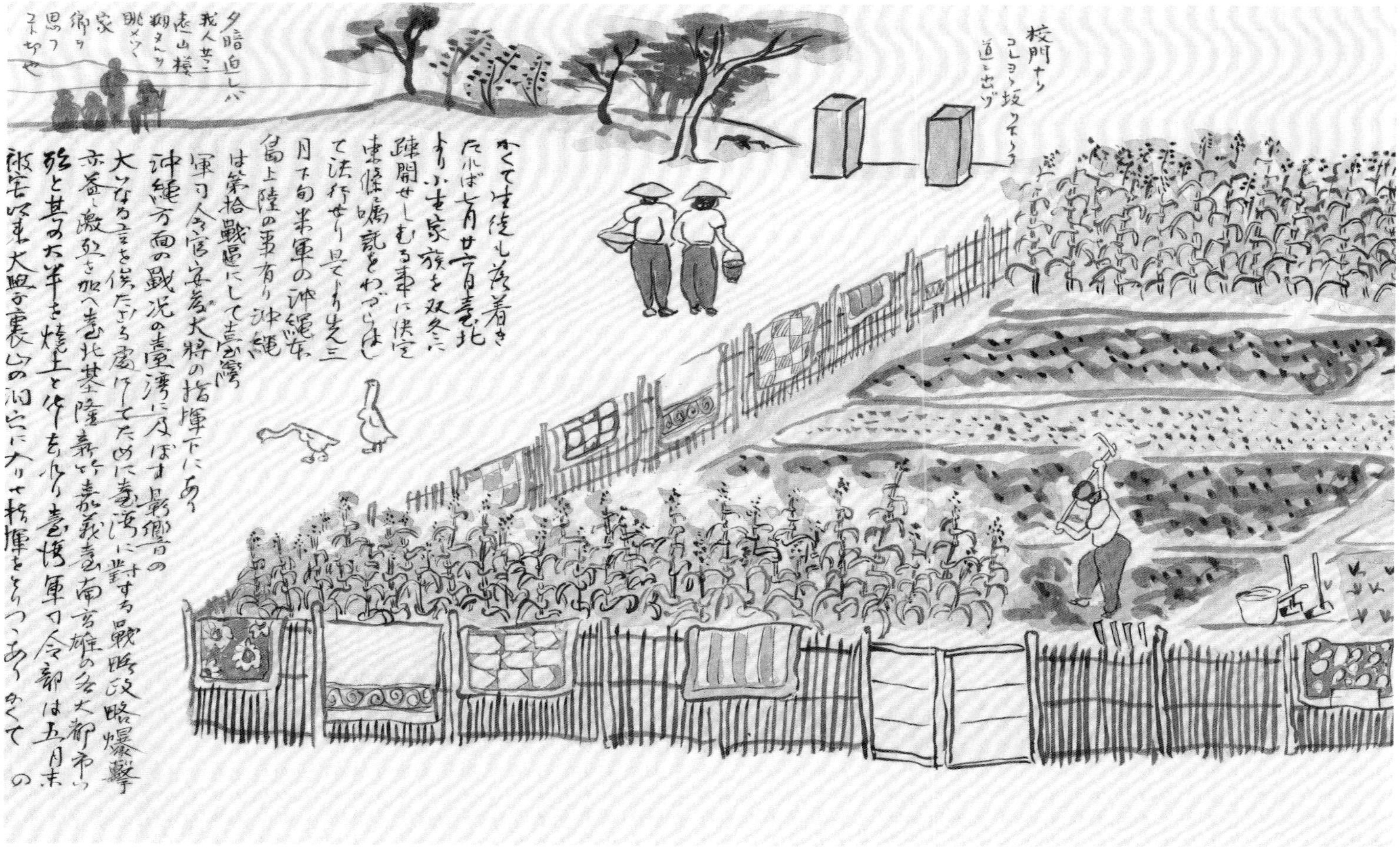
校門ナリ
コレヨリ坂ヲ下リ
道ニ出ヅ
かくて生徒ら落着き
たれば七月廿六日台北
より小生家族を双冬に
疎開せしむる事に決定
東條と嶋読をわづらはし
て法作せり 是より先三
月下旬米軍の沖縄本
島上陸の事有り 沖縄
は第拾戦區にして台湾
軍司令官安藤大将の指揮下にあり
沖縄方面の戦況の台湾に及ぼす影響の
大いなる事を慮りたる處にてために台湾に対する戦略攻略爆撃
亦益々激烈を加へ台北基隆嘉義台南高雄の各大都市は
殆ど其の大半を焼土と化せり 台北軍司令部は五月末
敵宕以来大坪裏山の洞窟に入りて指揮をとりつゝあり かくての
夕暗迫しバ
我人共に
遠山模様
眺めつゝ
家
郷を
思ふ
こト切や

臺灣軍司令部於五月末被炸之後，就移至臺北帝國大學後山的洞穴中指揮。

從此，美機的轟炸漸及中、小都市，尤以P三八①的射擊，傷害漸波及一般人民。臺北市民大部分都疏散到新店文山郡或臺中州下。街上人影甚少，米糧的配給亦漸不濟，加上一家分散五處，無法管理，而且彼此擔心安危，心情不安。竹一郎於五月下旬考上海軍甲種豫科練習生②，入新竹航空隊，現駐軍於嘉義白川練兵場。要死的話，當然家族能死在一起最為理想。既然美軍必然登陸臺灣，則大家一起盡最後的奉公為要。其次精一③弟的家族也要來雙冬。如此一來，我就無後顧之憂，專心盡力於學生的教育與瘧疾的消滅。

另一方面，為了讓學生們忘記疏散地的不安，深感有必要讓她們找到生活上的調劑，就舉辦「誠部隊」的慰問演劇會，或舉辦賞月會、捉魚遠足或採藥草，或工藝品的製作等等，我竭盡所能傾注全力在工作上。

山中是約有二百人的小村落，既無電燈，又無報紙、收音機；內地人只有巡查菅井氏與公醫④中山氏二人及其妻女而已。「誠部隊」是防衛臺灣的飛行第八師團，把草屯機場大隊的糧秣彈藥等分散貯藏於雙冬學園附近的山中。我為了防止瘧疾，試著聯絡「誠部隊」的軍醫，不料他卻專程來校演講一場，並實地指導撲滅瘧蚊的方法。該軍醫姓加藤，會津若松人，在東京淺草開業小兒科醫院，是醫學博士。又部隊副官高橋少尉是岩手縣水澤人，福島高商畢業；兒玉少尉畢業於仙台中田飛行學校。這些人都是東北同鄉，故特別親切，善加指導我們。

＊＊＊

雙冬村落是戶數約四、五十戶，人口約二百人的小農村。福佬人與客家人混居。多以種香蕉為業。水稻一年收成兩次，日本所謂的「雙秋⑤」。

＊＊＊

為住進病室者送棉被。

①P三八：美軍戰鬥機。機上之重機鎗火力至大。
②豫科練習生：簡稱「豫科練」，為在校生報考之少年兵。戰爭末期日軍兵員不足，遂大量採用未滿二十歲之少年兵。
③精一：塩澤精一，為塩澤亮之胞弟。任職於松山療養所之內科醫師。
④公醫：日本醫療制度。於偏遠地區，由政府派駐醫師，為貧民治病。
⑤雙秋：兩季之謂也。

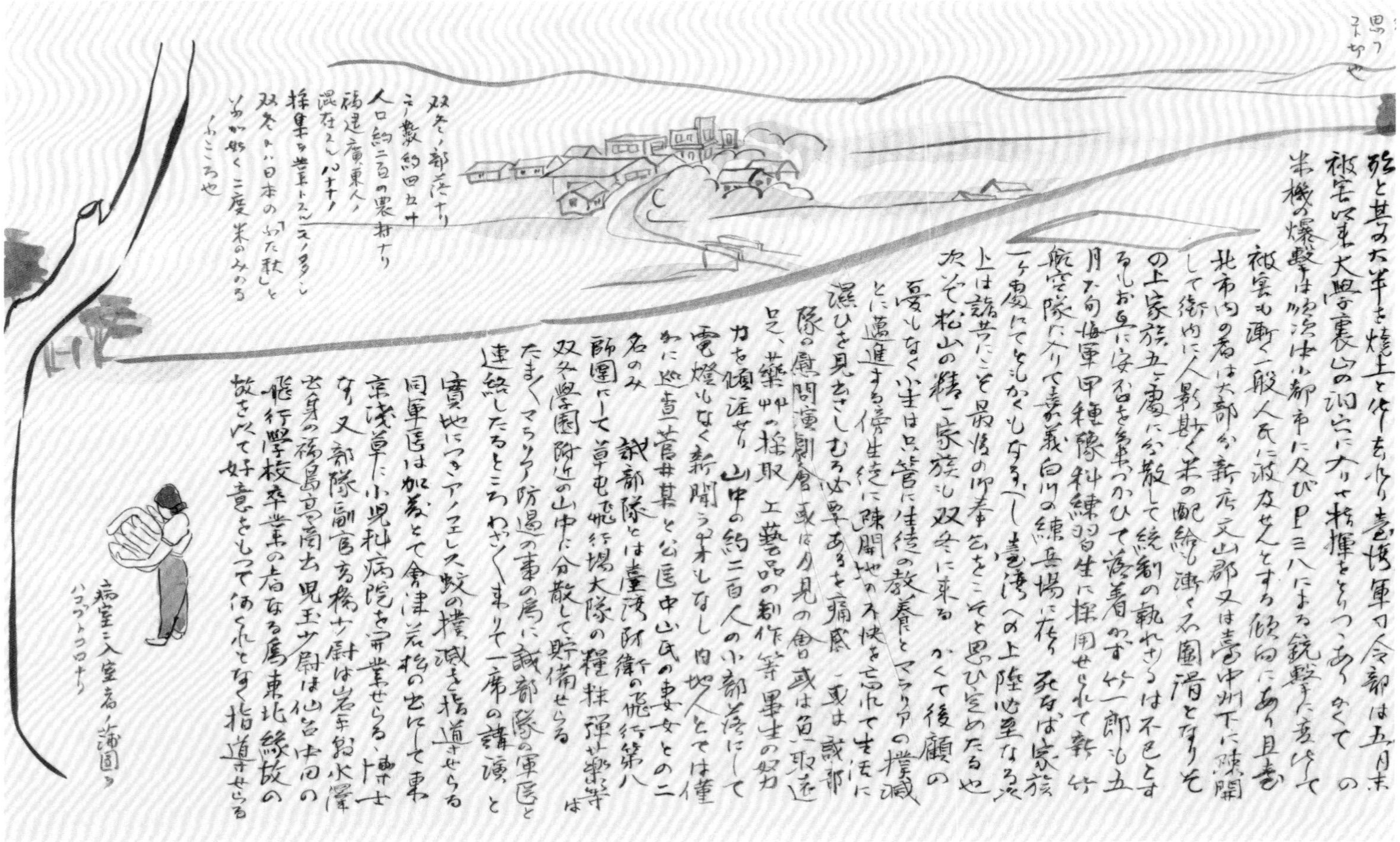
思ひ
ふ切や
殆と其の大半を燒土と化したり 臺灣軍司令部は五月末の
被害以来大學裏山の洞穴に入りて指揮をとりつゝあり かくて
米機の爆撃は次第に中小都市に及びP三八による銃撃また至る所にて
被害も漸く一般人民に波及せんとする傾向にあり且臺
北市内の者は大部分新店文山郡又は臺中州下に疎開
して街内に人影甚だ少く米の配給も漸く不圓滑となりそ
の上家族五ヶ處に分散して統制の執れざるは不便とす
るもお互に安否を氣づかひて落着かず 竹一郎も五
月末台海軍甲種豫科練習生に採用せられて新竹
航空隊に入りて嘉義白川の練兵場に在り 死なば家族
一ヶ處にてとにかくもすべし 臺灣への上陸必至なるべく
上は諸共にこそ最後の御奉公をこそと思ひ定めたる也
次で松山の精一家族も双冬に來る かくて後顧の
憂もなく小生は只管に生徒の教養とマラリアの撲滅
とに邁進する傍生徒に疎開地の不快を忘れて生活に
潤ひを見出さしむる必要あるを痛感し或は識部
隊の慰問演劇會或は月見の會或は魚取遠
足、藥草の採取 工藝品の創作等專生の努
力を傾注せり 山中の約二百人の小部落にして
電燈もなく新聞ラヂオもなし 内地人とては僅
かに巡査一菅井某と公医中山氏の妻女との二
名のみ 識部隊とは臺灣防衛下の飛行第八
師團にして草屯飛行場大隊の糧秣彈藥等は
双冬學園附近の山中に分散して貯備せらる
たまたまマラリア防遏の事の爲に識部隊の軍医と
連絡したるところわざわざ來りて一席の講演と
實地につきアノフエレス蚊の撲滅を指導せらる
同軍医は加藤とて會津若松の出にして東
京淺草に小兒科病院を開業せらる、博士
なり 又部隊副官高橋少尉は岩手縣水澤
出身の福島高商出 兒玉少尉は仙台中の
飛行學校卒業の者なる爲東北縁故の
故を以て好意をもつて何くれとなく指導せらる
双冬ノ部落ナリ
戸数約四五十
人口約二百の聚村なり
福建廣東人ノ
混在スルバナナノ
採集ヲ業トスルモノ多シ
双冬なるは日本の「ふた秋」と
いふか如く二度米のみのる
ところや
病室ニ入室者ノ蒲團ヲ
ハコブトコロナリ

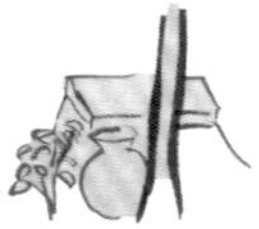

升旗台的竹竿被取走，留下空台。

＊＊＊

國民學校的教室

＊＊＊

大王椰子樹

＊＊＊

廚房裡有本島廚師六人及婦女一名。另外有六名「炊事班」學生來幫忙。

＊＊＊

於是叫學生做扇子，首次去草屯戲院慰勞「誠部隊」。學生們演戲、跳舞；接著由「誠部隊」池內軍曹等人演「落語」①，反過來慰問學生。「誠部隊」又送餅乾，又去烏溪用手榴彈捉魚，真是快樂的交誼。在草屯演戲時，泰子也上台表演舞蹈，中途因瘧疾發燒，暫到畢業生佐佐木正子家裡去治療。此種熱帶病發燒容易引起併發急性肺炎，曾情勢危急，我夫婦遂於半夜由雙冬趕往草屯。

①落語：日本傳統演藝。一人獨坐舞台，帶說帶唱，類似臺灣之「講古仙」。

かくして女子部に
於て團扇をつくりて
誠部隊を慰問せるに
初より草も座に於ける
芝居舞踊の會となり
次で誠部隊より逆に女
子部を慰問せんとて地の軍
曹以下の落語の會などありて又
同部隊より菓子の寄贈又は手
榴弾にて烏漁に魚をとる等
誠に樂しき交歡なりき草もに
於ける芝居の際やす子舞踊に出
演し中に於てマラリア熱發卒業
生佐々木やす子氏の家に厄介になりて
治療す熱帶熱にて急性肺炎を併せ
重篤なりしため暗夜双冬より夫婦にて
大王椰子なり
國民学校ノ教室
炊事室
本島人炊夫六名
女一名アリ
別ニ生徒ノ
炊事係六名アリ
女子部
國旗掲揚台ハ竿ヲ
トラレテ空シク上台ヲ
殘スノミ

學生逐漸了解我的性情，而願接受我的指導。積極熱心地整頓內務，並利用豐富的竹子，製作圓扇、櫥架、鞋架、曬衣夾或玩偶，發現生活的樂趣。學生們更要求於校園的一角，興建了畜舍，裡面養了鵝、雞、鴨、兔子等共約五十隻，生蛋供給病室中的人補給營養。又在校內開闢菜圃，以求蔬菜的自給自足。連同學校周圍的農場，合計耕種面積約一甲半。清晨，與學生們揮鋤於涼爽的山間，日子過得倒很快樂。

＊＊＊

水槽

遠從六百公尺外的山中接竹筒引水進來。

＊＊＊

洗澡水由六人值班燒水，而後提熱水放於四個澡池。學生四天入浴一次。因入浴次數少，遂有長頭虱者，但屬極少數。

＊＊＊

吃飯問題全由東條法圓氏夫婦去解決。東條氏過去長年在師範豫科，這次擔任炊事負責人，且在日東商事會社兼職。因為精通臺灣話，所以與村民相處非常圓滿，購買糧食很順利。直到戰爭結束後，每月仍以四十圓提供住宿生的伙食，既便宜又好吃。其次最感激的是每班二名的衛生組員，在猖獗的瘧疾流行中，不眠不休地看護病人，努力分發藥品，在這無醫生的山中，發揮了最大的功能。因在戰時下，所以從臺中州衛生課領來的藥品不足，無法實施正常的服藥，因此有人再度發病，三度發病，甚至有學生七度發病。若半夜裡有人來敲門，叫著「老師！老師！」時，必定有病人危急瀕死。真叫人無法一夜安眠。

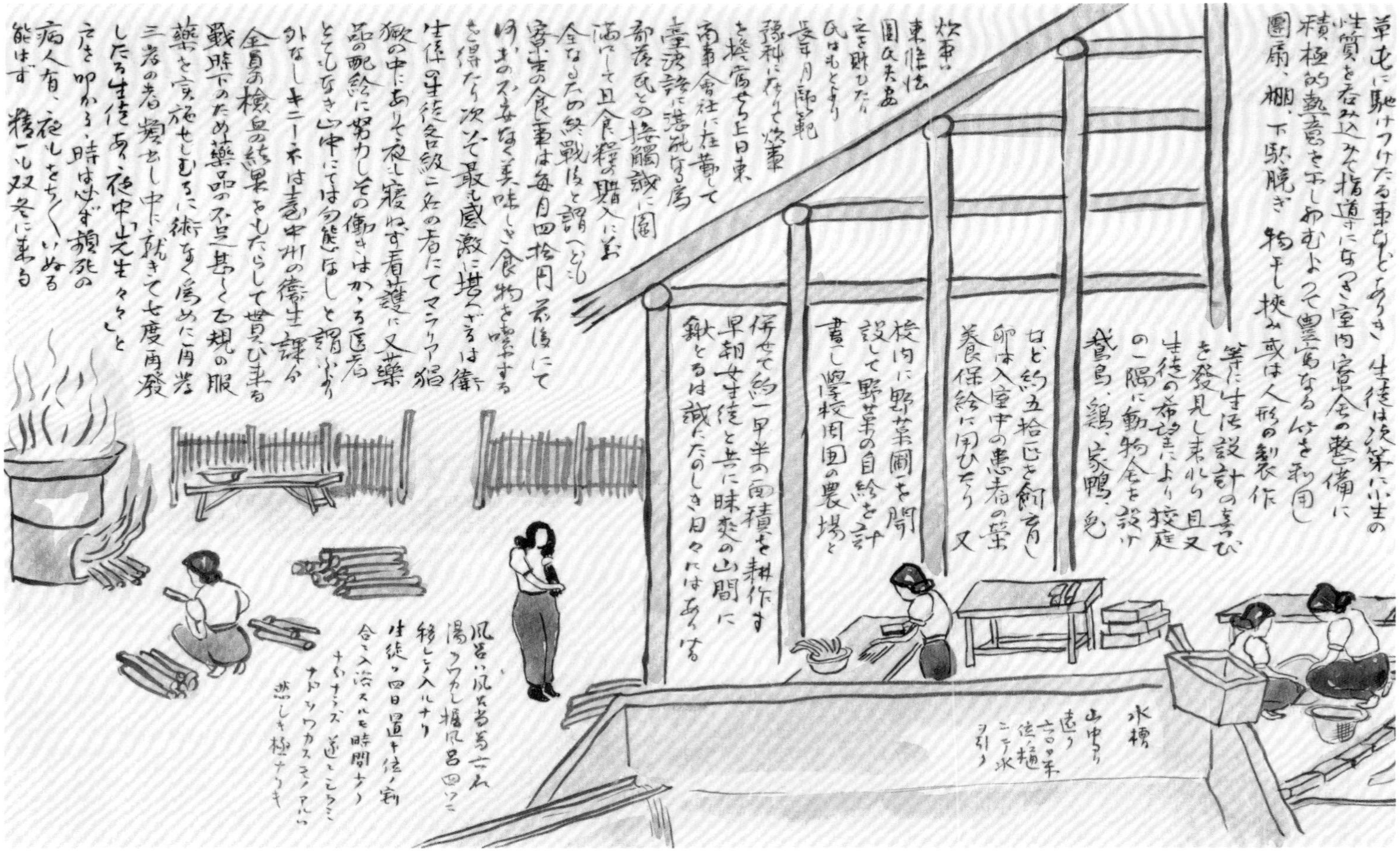
草屯に馳けつけたる事なども有りき、生徒は次第に小生の
性質を呑み込みて指導になつき室内寮舍の整備に
積極的熱意を示しおるむよって豊富なる竹を利用し
團扇、棚、下駄脱ぎ 物干し挾み或は人形の製作
等に生活設計の喜び
を發見し來れり 且又
生徒の希望により校庭
の一隅に動物舍を設け
鵞鳥、鶏、家鴨、兎
など約五拾匹を飼育し
卵は入室中の患者の栄
養保給に用ひたり 又
校内に野菜園を開
設して野菜の自給を計
畫し學校周囲の農場と
併せて約一甲半の面積を耕作す
早朝女生徒と共に昧爽の山間に
鍬とるは誠にたのしき日々にはありける
炊事は
東條信
圓氏夫妻
之を賄ひたり
氏はもとより
長年月師範
學科になりて炊事
を擔當せし上日東
南事會社に在勤して
臺灣語に堪能なる為
部落民との接觸識に圓
滿にして且食糧の購入に於
全なるため終戰後と謂へども
寮生の食事は毎月四拾円前後にて
何等の不安なく美味しき食物を喫する
を得たり 次いで最も感激に堪へざるは衛
生係の生徒各級二名の者にてマラリア猖
獗の中にありて夜も寝ねず看護に又藥
品の配給に努力しその働きはかゝる医者
とてもなき山中にては到底なしと謂ふより
外なし キニーネは臺中州の衛生課分
全員の檢血の結果をもたらして貰ひ來る
戰時下のため藥品の不足甚しく正規の服
藥を實施せしむるに術なく爲めに再發
三者の者續出し中に就きて七度再發
したる生徒あり 在中山先生々々と
泣き叩かる 時は必ず瀕死の
病人有、施しもちくいぬる
能はず 精一ぱい双冬に來る
風呂ハ風呂番ヲ六名
湯ヲワカシ搖風呂四ツニ
移シテ入ルナリ
生徒ハ四日置キ位ノ割
合ニ入浴スルモ時間ナク
ナカナカズ遂ニころこ
ナカナカワカスモノアルハ
悲しき極ナラキ
水槽
山中より
遠く
二百四米
位ノ樋
ニテ水
ヲ引ク

精一弟來雙冬時，叫他一起診療學生，但他忘了把聽診器帶來，便用竹筒臨時做了一個聽診器，擱在女生胸前斷診，不禁令人發笑。總之，在我任職中沒有一個病死者發生，實不幸中之大幸，這也是衛生組員奮鬥所賜。女學生的看護真有趣，用兩手的指尖按摩頭部，然後用毛巾沾水猛拍。此法不知何人所發明。

＊＊＊

前面有一圖是畫第二寢室的模樣。室內掛著香蕉，令人懷念。第二寢室本來做為舍監（編按：宿舍管理人）室，因此學校用品、教員用品及未歸校的學生個人東西，堆積如山，塵封日久，不得不清掃，

＊＊＊

移開行李箱，赫然出現兩條雨傘節。即使是潑辣的二室女生，也驚慌得發出尖叫聲。塩澤、中川兩教授不慌不忙，把蒼白的女生們擋在一邊，而把二蛇打死。大浦先生把牠烤一烤，加上味料，連根津老先生都吃得津津有味。

＊＊＊

學生寢室前的走廊

＊＊＊

時は生徒の病床に疹室す たまくあれ共
聽診器を携帶せず速製の竹筒にて女生
徒の胸を診たる笑話などあり 然れ共 小生在
任中一名も死亡者を發生せざりしは不幸中
幸ひにて是一重に衛生係の奮鬪の賜 の
なり 女生徒の看護の面白きは頭を両手の
指先にてもみ水手拭をパタくとする事なり
何人の創案にやとなつかし
前に画けるは第二室の摸樣なりバナナの吊されたるところなど思ひ出の種なるべし
第二室は元舍監室として使用せられたるもの 傍に學校用品教官用のもの 米
歸校生徒の私物等堆高く積み重ねられて月日を經にければにや或時掃除せむとて
トランク 行李等
動かしける折 兩
个蛇二匹現はれ
出でたり流石ヤン
チヤの二室の女生
徒 慌て騒ぎ黄色
き叫聲を發し立ち
騒ぐ音姦し 塩澤
中川両教授悠然として
立ちあらはれ蒼白
なる女生徒を制して
徐ろに退治しアリ
大浦先生之を焼き
お下地に味をつけて
根津老先生 に
至る迄吾
皷ちうち賞
美し給ふ
生徒室前
廊下ノ図
⊗ 誠に先生とは偉大なる

女生們目睹此情景，皆感老師真偉大。齋藤、大浦兩先生是夜頭部發熱，夢見大蛇云。東條先生怕蛇怕得比敵人的重轟炸機還厲害，他把盛過蛇肉的碗碟都做了記號，以便區分，可謂用心至極。

＊＊＊

佛桑花一年中都會開大紅花

＊＊＊

我在疏散處的房間及學生宿舍都用竹子造的。原來日本人來到臺灣，看到那麼多竹材可供利用，便開始研究建築法並傳授之。這實在是簡單的工作法，幾天就可建造一間房子，而且釘子一根也不必用，只要鋸子一把、鑿子一把就足夠了。屋頂用割開的竹片組合之；柱子用整枝竹筒，把它穿個洞，穿過竹筒便是橫樑。地板與壁用粗竹打平鋪開來就可以了。這個打平法是用未乾之生竹，用割刀割開竹節，再用木槌敲扁即可。替代鐵釘的是竹皮，細長的竹皮可自由屈伸，一旦打結之後，等乾時就更牢固緊縛。唯一遺憾的是竹子容易被蟲蛀，若無蟲蛀則耐個二、三十年當無問題，若經過煤煙燻成黑色，則更顯得古雅。俗話說：「竹柱萱草屋頂」①是也。

①行柱萱草屋頂：日本俗語「竹の柱に萱の屋根」，意味最舒適的農家住屋。

小生の味聞家屋及び生徒の學寮は全部
竹製にて元日本人の臺灣に來りて竹材の多
きに着目してその利用法を考究して傳授せるに
仰まると云ふ誠に簡單なる工作法にて一
屋を造るに數日を用ひず釘一本を用ゐるに
非ず竹鋸二丁竹のみ一本とのみの工作具にて
事足る屋根は二つ割の竹を組合せ柱は勿
論丸竹にて之に貫を通す穴を穿ちて横
に通し床と壁面は太き竹を平面に開き
展べて用ふこの竹を開くに法あり生竹を切り出して
未だ生乾きの時に節になたを打ち込みて切っ端
を入れて裂くや 釘の代用に使ふべき竹の縄は竹
の表皮のつき たる細き小長片なり生乾きの
ため自由に 屈伸屈曲するも一度結びて
時たちて 乾干きたる時は固定して緊
縛するに 至る 竹に蟲のつき易き憾みあるも
蟲害なき時は二拾年三拾年の耐久力あり且煙にて燻かれたる古き柱
ねど誠に雅致あり 古俚諺の「竹の柱に萱の屋根」也 但し竹の家屋は
佛桑花トテ
眞紅ノ花ヲ
年中開ク
誠に先生とは偉大なる
ものかなと女生徒の感じ
けることそうたてけれ さい
あれ齋藤大浦両先生
其の夜頭ほてりて寢
ねさせ給はず大蛇の夢に
うなされ給ふ東條サンハ
蛇を恐るゝ事敵重
爆よりも甚しく蛇
肉を盛りたる皿小鉢
に至るまで一々にしるし
を附して區別いかさま
最重に用意周到
重なりき
美し給ふ

但若想屋內掛些東西，而打釘於竹柱，則無法牢固，是不便之處。臺灣的竹工，大至家屋，小至竹笠，其技術頗值得學習，有竹椅仔、竹籠、竹龜仔（用於水田抄草）、竹湯匙、竹筆、竹碗等等，技法最傑出。

我家只有八塊「塌塌米」大的一間房，原泥土地上鋪竹地板，做了六塊塌塌米寬的臥房。廚房裡，我用泥土做了竈，圍了竹籬笆。因為是老房子，所以間隙很多，月光從隙縫瀉進來，亮如晝，徒叫遊子更想念家鄉。

天皇下詔沖繩戰為「天壹號作戰」①，勅曰：「天一號作戰為帝國安危之分水嶺，全國軍民更加奮勵努力！」但帝國海軍將僅存的艦艇孤注一擲的奇襲，其效果甚少。連日的特攻隊②出擊，也因為電波受到干擾而徒然與如同南海的藻屑般消失。B二九③對鹿兒島④及帝都⑤的轟炸日益猛烈，大阪、名古屋、東京、橫濱等日本都市大半化成焦土，抗戰的前途暗淡。

自從疏散於雙冬以來，因處山中的草叢間，所以不必擔心敵機的空襲，糧食也不缺，倒使人容易忘卻戰爭。我為了女子部，為了臺灣的教育而培養有為的女教員，全心全力地工作。

男子大部分都已出動到第一線，國民學校教員的素質益趨低落。若欲維持臺灣初等教育的水平，除了在各學校培養優秀的內地人女教員之外，別無他途。

八月一日正式上課開始，除了國語之外，我也擔任了物理、化學、勞作、數學等課程，真是使出了渾身解數，每天早出晚歸，只有晚飯與孩子們共餐，晚飯後又去學校，不到就寢時間不回家。本來孩子們高興著到了雙冬之後，就可和爸爸相處，可是現在連父親的臉都看不到了。

① 天壹號作戰：為日本最後之特攻決戰。
② 特攻隊：特別攻擊隊。如「神風」特攻隊，即以飛機直接撞擊敵艦；「人間魚雷」即以一人臥於魚雷之內，操縱方向，直撞敵艦。
③ B二九：美軍重轟炸機，為第二次大戰中，最大型之轟炸機。
④ 鹿兒島市：日本九州南端之大港都。
⑤ 帝都：天皇所在地，指東京都。

些若の用ありとて柱鴨居に釘等打つもとまらず是の点頗る不自由
や臺湾の竹細工は大は此の家より小は竹の子笠に至る迄その技術に
誠に學ぶべきもの多し 竹の机椅子 竹製の籠 竹の亀の子（草取りに用
ふるもの）竹の匙 竹の筆 竹の茶碗などその技法最も優れたり
小生の家は八畳一間也之に土間に竹の床を上げて六畳一間をつくり臺
所は小生土をこねて竈をつくり柵を結ぶ古屋のため隙間多く月光昔
の如く冴えて游子の旅情の如くいねられざる僑家郷を思はしむ
沖縄戰は天壹號作戰にしてために特に勅語を下賜せらる。「天一號作戰ハ
帝國安危の岐る、處、各員一層奮勵努力せよ」と。然れ共帝國海
軍の残存艦艇を擧げての擲り込み的危襲も其の効果甚く
連日の特攻隊の出撃も電波妨信機に妨げられて空しく南海の
藻屑と消え鹿児島又は帝都地方への乃二九の爆撃は日々に
猛烈を加へ大阪名古屋東京横浜等の日本都市の大部
分は文字通り焼土と化し去り抗戰の前途暗澹たり
双冬に疎開以来山中の草間のため敵の爆撃の
心配なく食糧も十分にして却て戰
争をやゝともすれば忘却し勝ち
なる程也小生は唯女子部のため
臺湾の教育の爲 有為なる女
教員の養成に
懸命の努力を
結集せんとせり
男子の大部分の既に
第一線に出動して國民學校教員の
素質の益々低下しつゝある時優秀
なる内地人女教員を各學校の中心
として養成する以外に臺湾初等
教育界を維持する途なきを確信
せるがため也 八月一日より正規の授業を開始し
小生は國語はもとより物理化學工作農學作
業と八面六臂の活動に終始せり従て朝床を
抜け出でゝより夜夕食に歸るまで學校に出勤し
家にては僅かに夕食を子供等と共にするのみ嘆かし
終ればふたゝび學校に出で就寢まで戻らざる有様なりき
子供等は双冬に至らばオトウチャンと一緒に暮らせると喜びたりしも却て父の顔を
みる事稀なる有様にて不平なる様子也

重要行事如下：

初盆供養宇羅盆會[1]（八月七日）

賞月會（九月二日）

粗坑遠足

捉魚四次（二次用炸藥）

採集藥草

齋藤老師送別演藝會（十一月二十五日）

草屯「誠部隊」慰問學藝會　於草屯戲院

星座研究二夜

＊＊＊

八月十四日，雙冬派出所菅井巡查來訪，談到下午三時許，始知今日中午有重大廣播。然菅井巡查本身也不知其內容，唯傳聞有對日本不利之事，或許投降也說不定，無人相信此事。本地無報紙，無電氣，當然收音機的設備也沒有，既然有重要廣播，則應盡其可能比一般人早些得悉詳細內容，確立對策以防止地方人心的動搖。或許是美國的造謠廣播也說不定，但又無法輕易判斷，至感不安。於是不讓村民及學生知道，偷偷叫人連夜趕往四公里外的土城村，打聽正確的消息。塩澤、中川、東條三人至派出所打電話聯絡草屯、土城。已到土城的人在電話中說來土城也無法獲得正確消息，不得已返回來。一夜不安，等到翌日十五日早晨，住在二水的學生林日律子的母親拿著刊登陛下的廣播及大詔的新聞號外，跑來學校。才知道日本接受波茨坦宣言無條件投降，淚水如泉湧。即刻緊急召集學生於第六教室，向皇城禮拜，舉行大詔奉讀儀式，嗚咽而無法奉讀，滿室涕泣嗚咽，經過幾小時也無人離開教室。二百五十名的學生，有的父親遠征南洋拉巴烏魯[2]而未還；有的哥哥或叔叔捐軀於大陸或南海；有的成為殘廢者；有的弟弟當學生兵在臺灣島內興建要塞；有的母親或幼妹在家被炸，家財盡失而棲息於蕃山陋屋。這一切都是為天皇而殉難，為戰爭而犧牲，本校疏散學園亦如是。

①初盆供養宇羅盆會：農曆七月一日祭祀當年死亡之靈，是謂「初盆供養」。七月十五日，為中元普渡，是謂「宇羅盆會」，又謂「盂蘭盆會」，簡稱「御盆」。

②拉巴烏魯：為南太平洋ニューブリテン島上有日本強大之拉巴烏魯航空隊。

重なる行事

初盆供養宇羅盆會（八月七日）
月見會（九月二日）
粗坑遠足
魚取り 四回（爆藥によるもの二度）
藥草採集
齋藤先生送別演藝會（十一月廿五日）
草屯識部隊慰問學藝會 於草屯座
星座研究二夜

八月十四日雙冬派出所菅井巡査來訪午後三時頃重大放送有りと云ふ即ち
初めて是の日の正午重大放送ありしを知る 然れ共菅井巡査自身も其の
內容を知悉せず唯日本に不利なる事の如し 或は降伏かも知れぬと傳ふ
信ずるものなし 新聞來らず 電氣なくしてラヂオ元より設備せず 如何
共方途なきもとにかくに重要放送なる由にて八方手を盡くして一般人
に先んじて其の內容を詳かにして地方人の動搖を防止すると共に之が對
策を確立せざるべからず 或はアメリカのデマ放送なるやも知れずと安
易に否定せむとするも不安は如何共すべからず 即ち地方民及び生徒
に秘しつつ確報を獲むと夜を徹して四キロ離れたる土城部落に赴かむとす
塩澤中川東條三名先づ派出所に至りて電話にて草屯土城と連絡す 土
城よりの電話に曰く土城に來るも確報なしと云ふ 已むを得ず歸る この
一夜の不安いはん方なし 翌十五日早朝二水より生徒林日律子の母親、
陛下の御放送並に大詔を謹載せる新聞號外を持ちて馳せつけ來らる
即ちポツダム宣言の受諾並に無條件降伏を知る 滂沱たる涙として
流るるに委すのみ 直ちに生徒を非常呼集して第六室に於て
宮城を拜し 大詔奉讀式を擧行す 嗚咽して奉讀する能はず
滿室の者流涕嗚咽 數時を經るも室外にあつるものなし 二百五十名
の生徒、其の父は遠くラバウルに征きて還へらざるものあり 其の兄其の叔父等
大陸に將又南海に或は散華し或は不具となり 其の弟は學徒隊として烏山
の要塞にあり 其の母其の幼き妹は家を爆碎せられて家財を失ひ蕃山の
陋屋に棲めり これ唯一途に大君に殉して戰爭の完遂に邁進せむか
ためのみ この錬成學園 亦同じ

如今茫然不知所措。只好在當局指示之前，維持現狀，繼續勤學；一方面請中川教師緊急赴臺北去請示總督府的指令。一方面在雙冬，為警戒萬一而注意村民的動靜；聯絡派出所與「誠部隊」，以備非常事態；禁止學生外出，注意不可刺激村民的感情，而每天的行事則如常。眼看在臺灣的日本教育即將結束，只要還有預算就繼續到底。從血染芝山巖①為始的本島教育，讓它結束於雙冬。我決意把承繼芝山巖學堂傳統的臺北師範精神發揮到極點。村民最初有些動搖的徵兆，但看到女子部依舊井然有序地勤學，便顯得鎮定而自始至終皆治安良好。

＊＊＊

其後的事情，無法一一敘述。想到日本的前途，就無法安眠。遂做終戰之歌曰：

看那九重的烏雲籠罩著
焦土無邊的茫漠中
青人草②垂著頭
國土慘淡大八洲（編按：即日本國土）

祖父之功　父親之血
徒然腐朽於大陸之野　南溟之濱
戰友的亡魂
在秋風中哭泣

只信祖國的勝利
二八青春的好男兒
化成萬朵花而零落
特攻隊呀今何在

①血染芝山巖：明治二十八年（一八九五年）六月，臺灣總督府施政開始。七月，伊澤修二學務部長於士林芝山巖開設芝山巖學務部學堂，招收臺灣人子弟二十一人，是為臺灣實施日本教育之始。次年元旦，臺北地方爆發武力抗日事件，日本教師楫取道明等六人全被殺死，是謂「芝山巖事件」。（伊澤部長適逢返京，逃過大難。）

②青人草：日本古詩中，以青人草比喻老百姓。

然れ共如何共施すに術なし よって當局より指示あるまで現状のまゝに勉學を継續することゝし中川教官をして臺北に急行して督府の指令を仰ぐ 双冬に於ては萬一を慮って部落民の動静に注意し派出所職部隊と連絡して非常に備へ生徒に校外に出るを禁じ部落民の感情を激發せしめざるや注意す 毎日の行事は普段の如し 臺灣に於ける日本教育もいよいよ最後也 豫算のある限り教育を續行し芝山巖を血に染めて始められたる本島教育を双冬に於て終結せしめむ 芝山巖學堂の正統たる臺北師範の傳統を今にして發揮せしめむと決意す
部落民は最初動揺の兆ありしも女子部の回によって何等変るところなく整然と勉學し居るを見て却て落着き治安は最後まで不安なかりき

其後の悲歎さ口にも出でず 日本の前途を思ふ時夜として安寢するなし、即ち終戰の歌をつくる、曰く

見よ九重の雲低く
焼土果てなき荒漠に
青人草は首たれて
國土惨たり大八洲

祖父の功も 父の血も
大陸の野に南溟に
空しく朽ちて戰友の
亡魂秋の風に哭く

祖國の勝を信じつゝ
二八の若きますらをが
萬朶の花と散りゆきし
特攻隊よ今いづこ

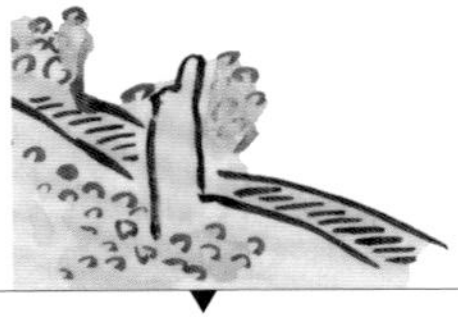

護國的熱血滿腔
梳髮打扮　穿著華麗和服
在月影蒼白的塞班島①
沉入海中今何在

月光依舊
但山河已褪色
為國捐驅兩百萬
唯有日日多唸經

啊！糧已盡　家已毀
餓丐滿國中
神怒四處沸騰
謀略的黑暗消逝於常夜

＊＊＊

此路通往雙冬

＊＊＊

①太平洋上之小島。一九四四年六月十一日至七月七日，美軍猛烈攻擊，島上日本陸軍戰死四萬一千人，日本國民捲入戰爭及自殺者約一萬人，是謂「玉碎塞班島」。

護國の悲願雄々しくも
髪梳り晴着きて
月影蒼きサイパンに
沈みしたせ今いづこ
月の光はかはらねど
照らす山河は色褪せて
ほろびしむくろ二百萬
ために讀むべき經やある
あゝ食は盡き家はやけ
めしひたる民國に滿つ
神の怒りかき蠅なす
謀略の闇常夜ゆく
コノ道ヲ通ッテ
双冬こ行クや

此河名烏溪

＊＊＊

雙冬村落

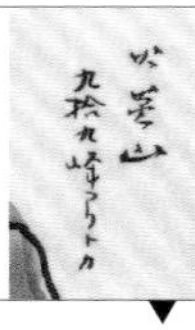

火炎山有九十九峰

＊＊＊

香蕉園

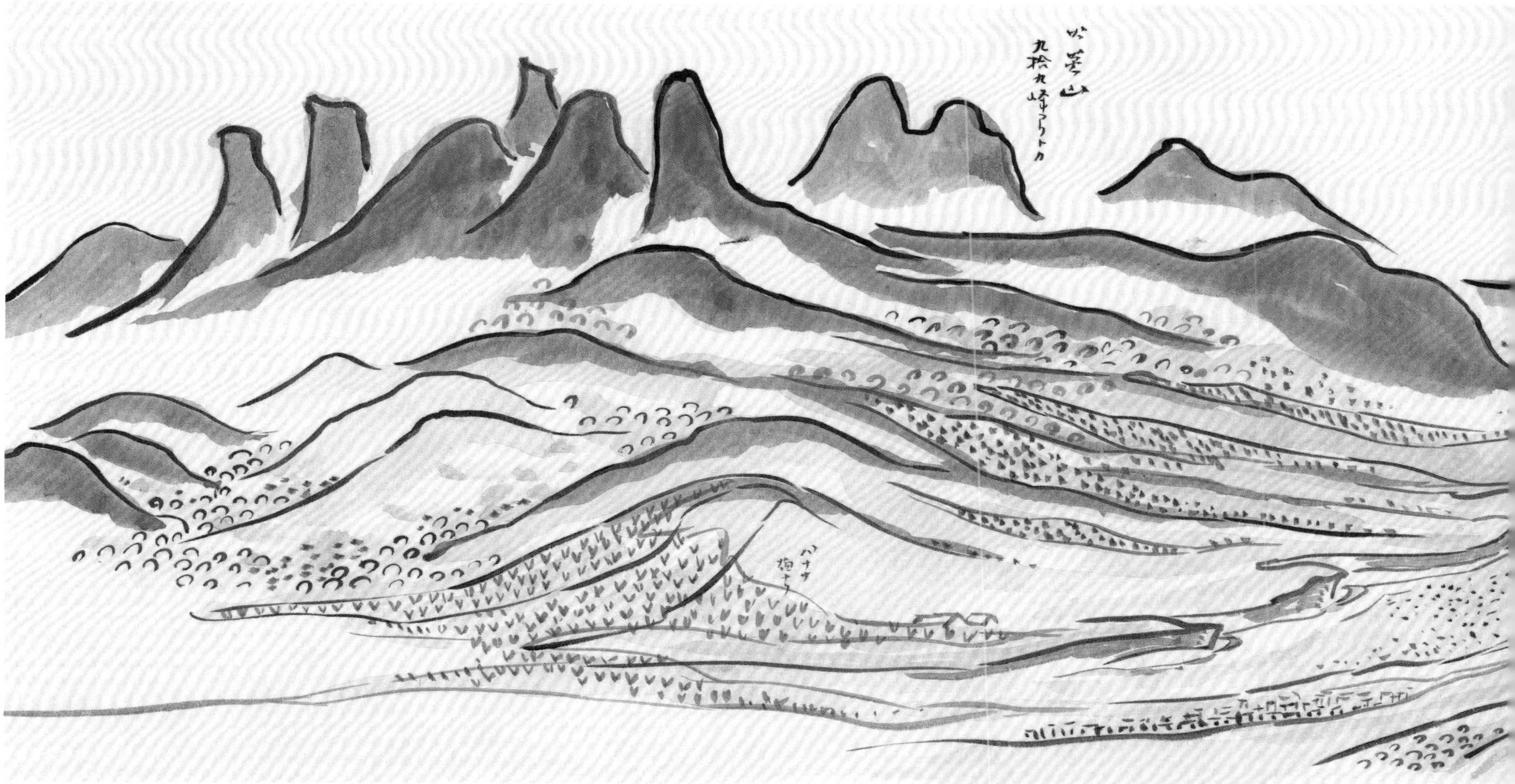
九拾九峰アリトカ
ハナナ
畑ナリ

沾污了三千年的祖國
令皇上的心苦惱
我們的生命算什麼
我們有何顏面

該死的生命不死
我站立於混迷的世間
高入雲表的芙蓉峰①
萬古不變的大君言

成敗皆已成夢
永不消滅的唯有「誠」
榮枯浮沉人間世
無邊無境的是天皇的威光

別再唱悲憤的放歌吟
薤露之章②的無常曲
越過腐朽的軀體
邁向建國的真實路

環繞東亞宿命的
一齣悲劇今已落幕
重新思索日本的
擔負文化的新使命

冥府的劫火尚未熄
暴風捲起混沌的世界
建設吧　把神州的芳香正氣的大日本
宣揚於世界

＊　＊　＊

① 芙蓉峰：富士山之美稱。
② 薤露之章：漢朝田橫門人哀悼田橫為君王而死之歌。

三千年の國けがし
大御心さなやまして
我等に何のいのちぞや
我らに何のかんばせぞ

死すべきいのち長へて
混迷の世に音立てゞ
雲表高き芙蓉峰
萬古かはらぬ大御言

成敗何か夢のあと
きえざるものはたゞ誠
榮枯はうつる人の世に
つきせぬものは大みいつ

やめよ悲憤の放歌吟
薤露の章の無常曲
ほろびしむくろ乗り越えて
行け建國の眞實路

東亜にてめぐ宿命の
悲劇の一齣今とぢて
新に思ふ日本の
文化に荷ふ新使命

冥府の劫火なほ止まず
暴風にすさぶ混沌の
世界に建てよ神州の
正氣に薫る大日本

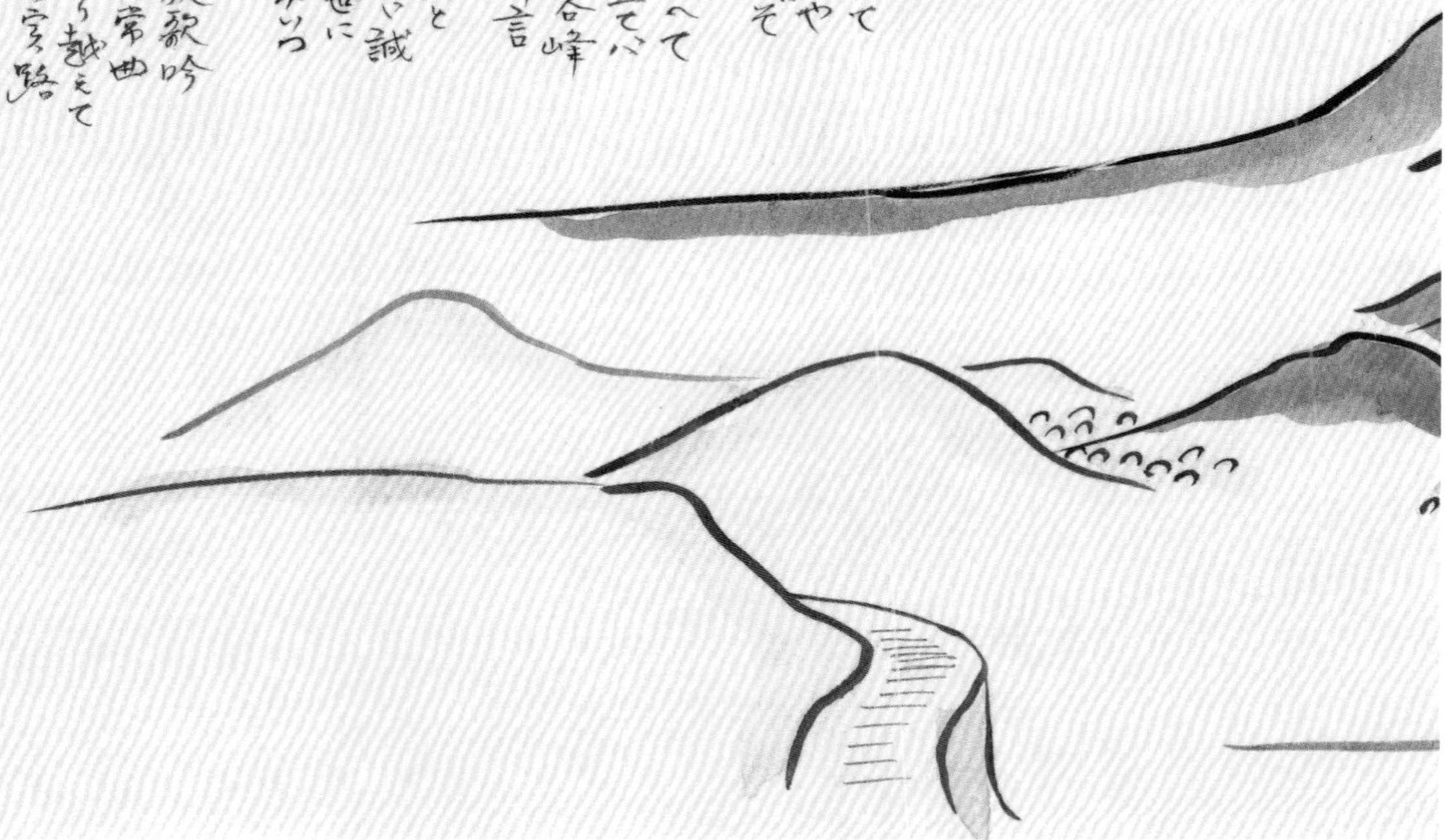

最早成為日本領土而且協助日本進行戰爭的本島居民，不知會受到中華民國怎樣的待遇？他們既感不安又與吾等日本人共安危，頗令人憂心。然而自九月中旬以後，他們便自稱中國人，改口說在五十年間的日本惡政下呻吟，他們是努力收回失地的革命志士。於是漸有擾亂治安的傾向，有的襲擊警察、庄長①，甚至施暴殘殺之；有的襲擊軍方倉庫，任意掠奪。治安狀況雖漸惡化，但雙冬地方還算穩定。學生們思念父兄的不安生活而坐立不安，紛紛要求歸鄉省親。但我想到終戰後混沌的日本，若無面對現實的心理準備與知識，就把她們放回家出於社會，實於心不忍。遂想給她們思想教育，而實施了社會科學的特別講座，並邀請附校的教師來講授「教習」以代替國民學校的教育實習。

* * *

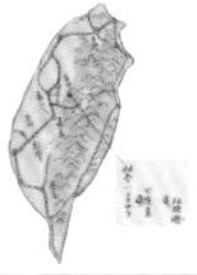

雙冬在此

* * *

①庄長：相當於今之鄉長。

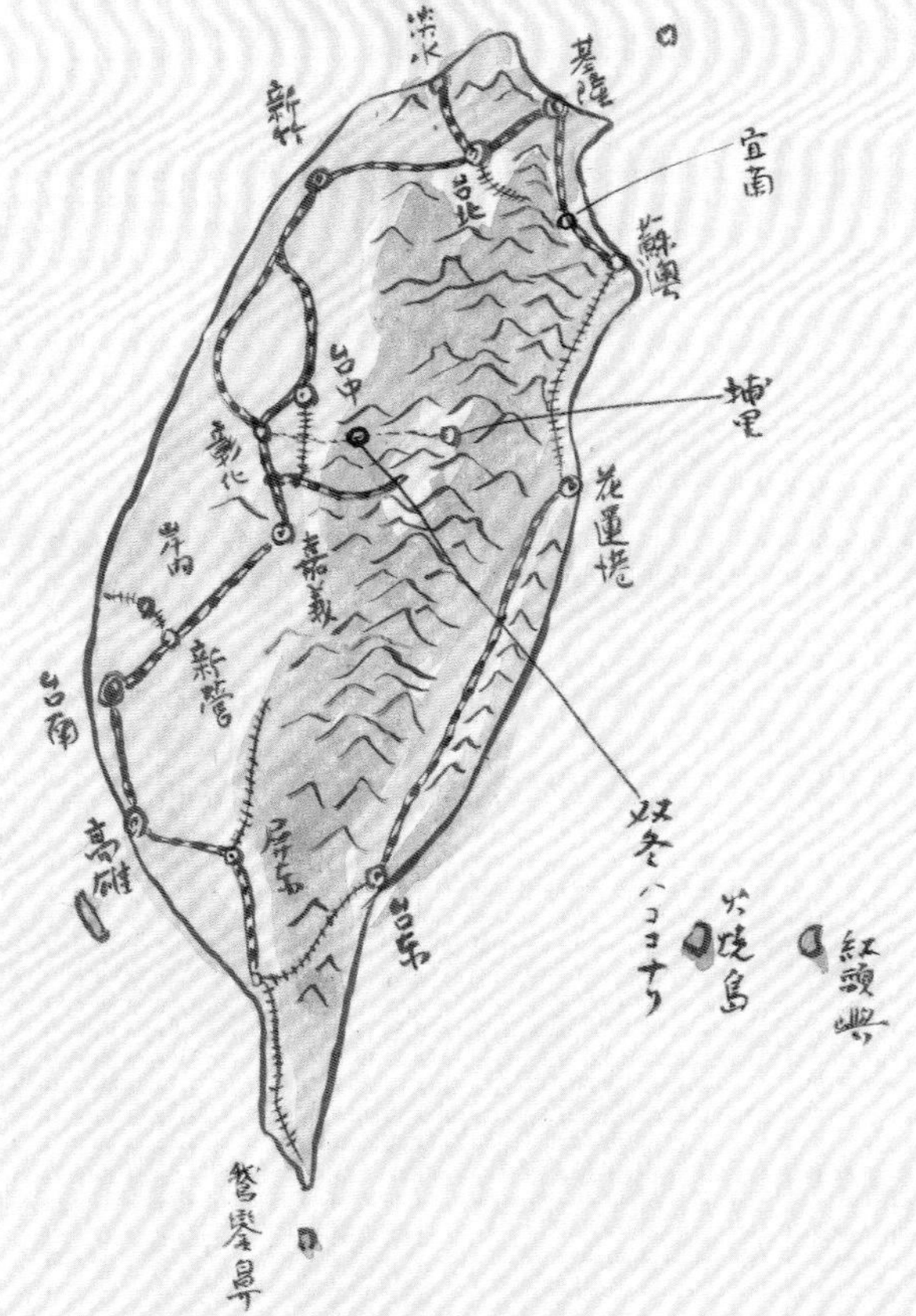

最初日本領土内にありて日本の戦争遂行に協力せし本島々民は中華民国より卑しく劣りなる待遇をうくるものなりや彼等は不安を感じ以て我等日本人と共に安危を共にせむなど殆ど同島の趨勢なりきしかるに九月中旬より彼等自ら中国人士にして五拾年間日本の壓政下に呻吟し失地回復に努力し来りたる革命志士なりと僭称して次第に治安を攪乱する傾向をあらはし来り或は警察官庁長を襲ひて暴行して惨殺し或は軍の倉庫を襲ひて掠奪をほしいまゝにする等治安状況悪化し良好ならず 学校はしかれども穏やかや生徒は父兄の生活不安を見かねてふたゝび衣着をとらなひ帰省を要求する者次第に多くなり思想混沌たる終戦後の日本に於ける我等が方向に理解と智識なき僕に帰宅して社会に放り出すにしのびず思想教育をせんものと考へて社會科學の特別講義を実施すると共に附属の教官をおきて國民學校の教育實習に代る教習を行ひ解散までに一通りの教育を

儘量在解散之前，完成全課程，以便在解散當日發給教員許可證。夜間無燈火，把學生召集於校庭，仰望秋天高空中的星座，那邊是老鷹座、箏座、龍座、蠍座、比魯西烏斯[①]，這邊是安土羅美塔[②]星座，互相訴説希臘神話與東洋古代神話故事。在亘古的大自然懷抱中，尋求安祥的心境。

吾等既被改稱為「日僑」，而日僑之財產不論是個人的或是法人會社的，凡是海外的東西一概沒收，報上如是報導。我們決定以學校被接收為期，將學生們解散歸省，日期大約在十一月末到十二月初為止。站在國家殘敗的關頭，面對殘酷的現實，我們可想而知大家臉上的感傷。當她們回到自己的出身地，到底有無可住的地方？或許其父母被免了官職而失去生計的依靠。在共產主義、社會主義等思想狂吹之中，做為敗北者而被鞭打，所依靠的父兄為戰爭而犠牲，所依賴的力量被剝奪，賠償的牽制等，有人説失業者將有一千二百萬人。當日本失去糧食而飢餓來臨時，她們的命運將往何處去？寒燈之下，思緒混亂。噫！人世難耐，不如空中飛鳥、水中游魚。然而，既然生為日本人，則應走之路，唯有殉死於尊皇之一途。除此之外，便是體念大君身體的平安，奉拜和平的大君心，重建愛和平、高道義的日本。

①比魯西烏斯：Perseus，希臘神話中之英雄。為星座之名。

②安土羅美塔：Andromeda，希臘神話中之女王，後為比魯西烏斯之妻。為星座之名。

完成して出来得るならば解散の日には教員寛許せさ餞《はなむけ》にせむと
考へたり 夜は燈火なきまゝ生徒を校庭に集めて秋空高き星座
を仰がしめて鷲座、箏座、龍、さそり、ぺルセウスはあれよアンドロメダ
は彼處なりなどギリシア神話と東洋の古代の話などを語りきかしめ
悠久なる自然のふところに安心の心境を求めしめむとはせり
我等は既に日僑とその名を改め日僑の財産は個人のものたりと他人
會社のものたるとを問はず海外にあるものは悉く没収せらるゝ由新
聞紙の報ずるところなり 女生徒は學校の接收を期として其の前後に
解散歸省せしむる事に決定その時日を十一月末より十二月初めとさだ
めたり 國家敗戦の實態に立ちて深刻なる現實に直面して感傷の
容ちなきはわれひと共にこれを熟知せり 然れ共 ふところ子ぞ
たちの女生徒の出身地に歸りつきて果して住ふべき父母の家ありや
否や その父母の官職を逐はれて生計のたつきを失ふをなしや
生活はいかになりゆくらむ 共産主義社會主義等の思想の
あらし吹きある中敗北者として鞭打たれつゝ たのむべき父兄を
戦に捧げてたよるべき力を奪はれ 賠償に束縛せられて失業者千
二百萬と唱へらるゝ 日本に食を失ひ飢迫り来る時彼等は如何に
なり行く運命なるらむ 寒燈の下思ひ乱れて 噫 人の世は
堪へ難きかな 空にとぶ鳥 海に游ぐ魚にならばや とは思へども
せむなしや われひと共に日本人の行くべき道は定まりて動かず
唯ひたすらに尊皇の一途にこそ殉ずべけれ その外は何ともなれかし
大御身にして安らかにおはしまさば とのみ念じて平和なる大みこゝろを
奉じて平和なる道義高き日本を再建する外は何の心もあらず
かし 戦のさ中於一郎隊神練に出で高楊父を励まして立ちたること

戰爭中，竹一郎從軍於（培養海軍飛行員的）豫科練，出征前夕鼓勵父親道：「父親大人，此次戰爭非有讓孩子死兩三個的覺悟不可。已非遲疑不決之時。」誠然，每當遭遇轟炸或恐懼於敵人的侵攻時，不止一次，甚至三次、四次的覺悟要與家族一同死。如今還有什麼可怕的呢？餓就餓吧！死就死吧！日本文化該消滅的就讓它消滅吧，留下純正者、強者來擔負日本的重建。吾等祖父於戊申之役①敗北而國家更易；家被毀，祖母背著孩子逃亡於十里的山中。藩政的廢止，致使喪失土地，喪失家財。可是又從維新的苦惱中站起來，重建家園，積蓄財產，活躍於政事。想至此，不禁於淚中湧起滾滾力量。

如同隱匿於天之岩戶②時代的國難，今日勇赴國難，才是男兒本色。啊，古時天岩之前出現了指導者之神，即手力男之神③。如今成為手力男之神的日本男兒在何方？吾人豈能不奮起？

＊＊＊

在雙冬疏散地的製作品

▼燈籠（病室用）

▼彈弓

▼衣架十五個

▼花器

▼此燈籠用於病死之三位同學之靈前。花器亦同。

①戊申之役：應為「戊辰之役」（因同音而筆誤）。明治維新之際（一八六八年），部分德川幕府軍聯合東北諸藩，對抗明治政府之官軍。其後各地藩侯相繼戰敗，全國統一，還政於明治天皇。作者之祖先為東北士族，故亦遭兵災。

②天之岩戶：アマノイワト天上之洞穴。日本《神代紀》稱：天照大神（太陽神）因氣憤眾民之愚昧不知，故隱匿於岩洞而不出，造成天地之闇暗。是為日本開國之難。

③手力男之神：タジカラオノミコト大力神之名。日本《神代紀》稱：大力神奮勇啟開天之岩戶，使天照大神復出，天下從此得光明，是為日本神國之誕生。

かし戦のさ中が一郎豫科練に於て亡き叔父を励まして以ること
あゝきオトウサン ユノ戦争デ子供ノ二三人ハ死ナス決心デナクテハ
ダメヨ クヨクヨスルトキデハナイト 思フナァ と、信じ参り
或は爆撃に遭ひ或ひは敵の侵攻におびえ 一度ならず三度四度
家族一同死の覚悟をせし事幾度ぞや 今更に何のおそるゝいの
ちならんや 飢えば餓えよ 人は死ねかし 日本の文化はほろぶる
ものはほろび行かしめよ たとえものの強きものゝこそ残り生きて日本の
建て直しこそ擔当すべきなり わが祖父は戊申の役に敗れ困苦買ひ
となり家をやかれ祖母は子を負ひて十里の山中に逃げかくれたりと
わが藩政の廃止せらるゝや土地を失ひ家財をうしなひ給ひしと云ふ
その維新の苦悩の中より立ちてふたゝび家を起し産を営み
財をもきずかせられ政事治上にも活躍せられたまひしとかや そ
を思ひしのぶとき悩みの中に涙こと湧き立つる力をおんずるや
この天の岩戸に隠れにも比すべき日本の困難に泣くを得るは男子の
本懐也 あゝ天の岩戸の前に拮道すべき思兼の神あらはれよかし
天の鈿女よあらはれよかし 手力男の神となるは何處の日本男子
かりや

雙冬疎開地に於て製作品

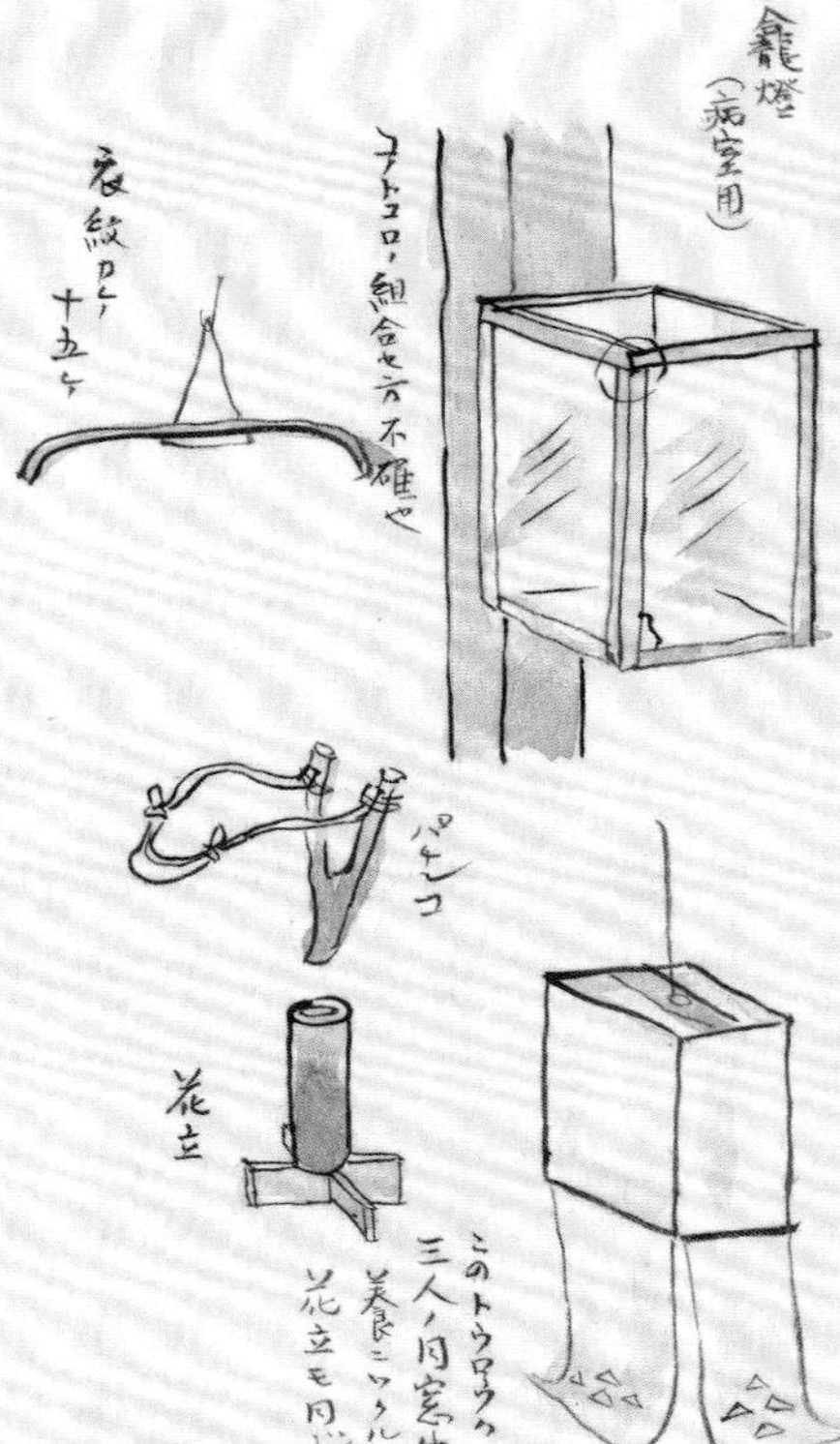

自家用的立燈

＊＊＊

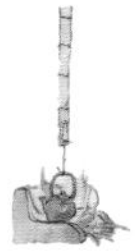

與小原先生共同製作的日本農家吊爐，因簡易方便，故名叫「シャンタン自在①」。根津老先生負責燒火，他凌晨三點就起來燒水。我一起床，就可喝到熱茶，實在感謝之至。

＊＊＊

部隊慰問的扇子

憶起八月八日在草屯戲院的勞軍會，就無限喜悅。大雨傾盆下的卡車，在街役場內裸體烘乾衣服，在草屯戲院的舞台上睡著了的本島演員，泰子的生病種種。這些都是這扇子帶來的緣分。這扇子又促成了齋藤先生結婚的因緣。

＊＊＊

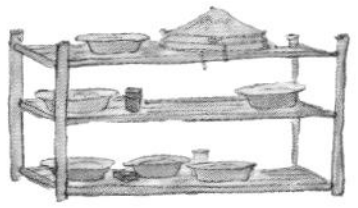

洗臉盆台

上面的臺灣斗笠是給學生戴的。一人一頂。

＊＊＊

竹湯匙二只

＊＊＊

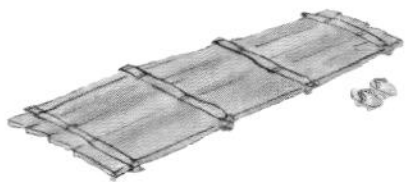

各班寢室入口處皆設有脱鞋的竹台。製作雖簡單，但由學生五、六人與小原先生花了五天而成。因無道具，故綁鐵絲之處頗為困難。

①シャンタン自在：「自在」即「自在鈎」之簡稱。吊掛鍋、壺之鈎可自由調整高低，故稱「自在鈎」。「シャンタン」為「雙冬」之臺語發音。作者自豪製作此器，故命名為「雙冬自在」。

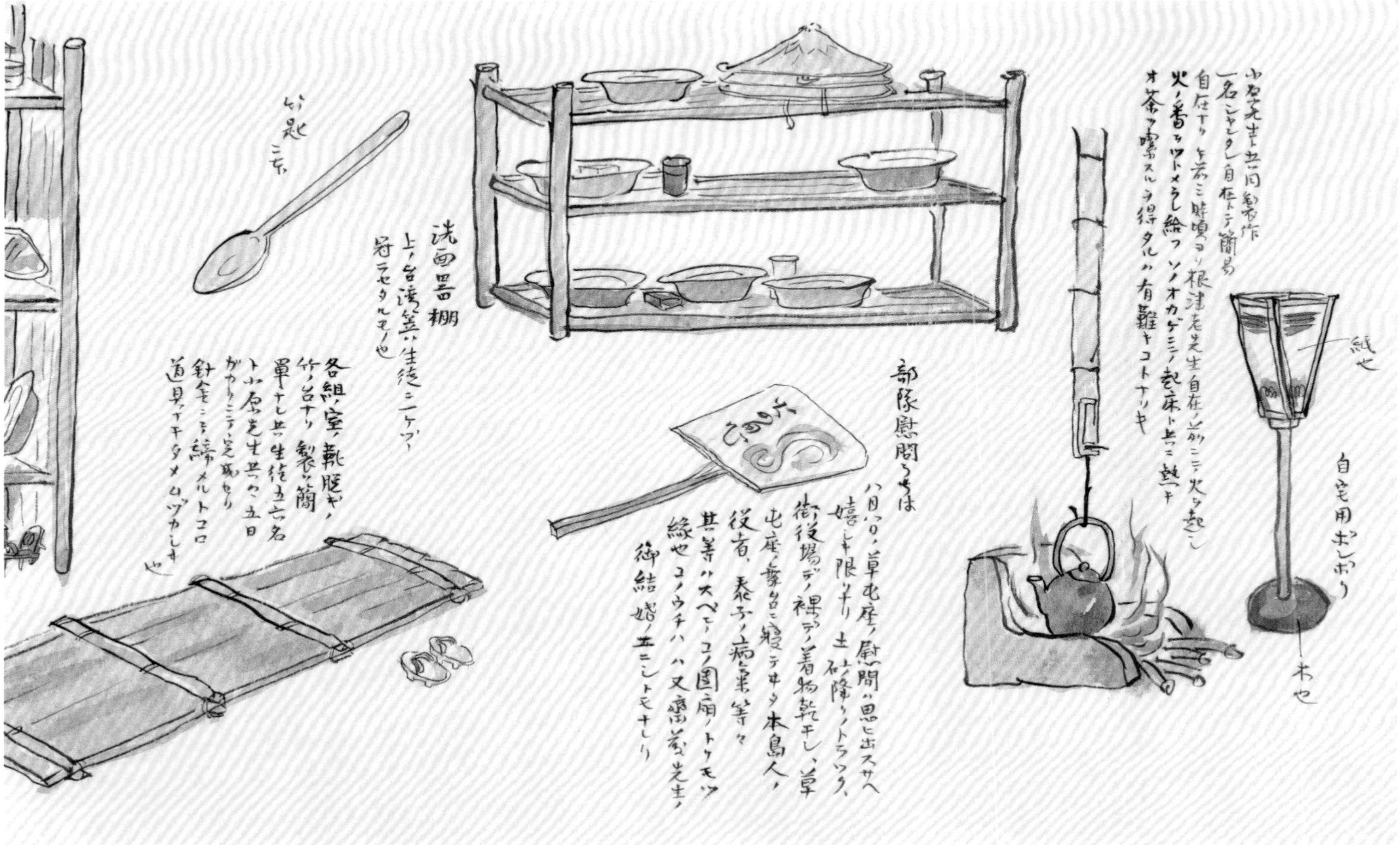
竹匙 二本
洗面器棚
上ノ台湾笠ハ生徒ニケアゲ
冠ラセタルモノ也
各組ノ室ノ靴脱ギノ
竹ノ台ナリ 製ハ簡
単ナレ共生徒五六名
ト小原先生共々五日
ガカリニテ完成セリ
釘金ニテ締メルトコロ
道具ナキタメムヅカシキ
也
部隊慰問うちは
八月一〇ノ草屯座ノ慰問ハ思ヒ出スサヘ
嬉シキ限リナリ 土砂降リノトラック、
御後場デノ裸デノ着物乾干シ、草
屯座ノ舞台ニ寝テ中タ本島人ノ
役者、菓子ノ病菓等々
其等ハ大ベテコノ団扇ノトケモツ
縁也 コノウチハハ又鷹蔵先生ノ
御結婚ノ土ニシトモナレリ
小原先生ト共ニ同級作
一名シャレタル自在トテ簡易
自在ナリ 午前ニ時頃ヨリ根津老先生自在ノ前ニテ火ヲ起こし
火ノ番ヲツトメラレ給フ ソノオカゲニテ起床ト共ニ熱キ
オ茶ヲ喫スルヲ得タルハ有難キコトナリキ
紙也
自宅用ボンボリ
木也

第二室與第五室的櫥子。

這種櫥子要早點做就好了。

＊＊＊

這莫名其妙的東西是「印籠」。得小原先生之指導，可以表現出竹皮的光亮色澤；但無法打洞穿繩子，故為失敗之作。

＊＊＊

這是紙糊的不倒翁。

生平首次製作，最初用黏土做型，結果失敗。改用木型，總算做成，真有趣。

＊＊＊

曬衣夾

先做樣本給學生模仿，但學生做不來。國民學校的教材也有很難做的。

＊＊＊

玩具

模仿奈良木偶的木雕。

向鈴木先生借來油彩上色。

＊＊＊

鐵皮龕燈

材料是向第四室要來的。

＊＊＊

大稻埕有賣這種梳子。這是在校庭拾到的，用顏料上彩，使之像日本梳子。

＊＊＊

二室ト五室トノ棚
コノ得体ノ知レヌモノハ印籠ヤ
竹ノ艶出シハ小屋先生ニ指導サレ
得タルモ 紐通シノ穴ヲ通スノ
能ハズ 失敗セリ
国民学校ノ教
材モ仲々ニム
ヅカシキモノヤ
オモチャ
コノダルマハ張子ヤ
生レテ始メテ張リ子ヲツクル 初メハ
粘土ノ形ニテ失敗シ二度目ハ木型ヲ
ツクリテノ
ドウヤラ
モノニス
面白キモノヤ
ブリキノ籠燈
材料ハ四室ヨリモラウ
奈良人形ヲ模シテツクル木彫ヤ
色具ハ油
絵具ニテ
飲ホサン
ヨリ
借用ス
コノ櫛ハ大稲埕ニテ売リ居ルモノノ
由 校庭ニ拾ヒ色具ニテ彩色
日本櫛風ニセシモノヤ

眼看十二月就要讓全體學生返鄉，關閉疏散學園而遷回臺北的本校。其間約有三週時間讓學生回家。事實上，這是學園的閉校解散，因臺北的本校已被中國接收，改名為臺灣省立臺北女子師範學校。已成為中國人的本島學生七人（譯按：當時全校只有七位臺灣學生）當然沒問題，但日本人學生、教員事實上已無法再度返校，因此農場的收穫物及畜舍裡的雞、鴨、鵝、羊等三十多隻，全部拿來料理，在校庭舉辦了最後的晚餐，同時也邀請地方人士來參加，以謝其勞，並宣佈解散學園。

十二月一日開始一週以內，將學生依居住地方分組分批，用卡車送至彰化，然後以鐵路輸送。其間苦勞，非筆舌所能形容心戰後被罵為「四腳仔①」的我們，被站員冷落，沒有人以善意來照料我們。背負重行李，又怕被掠奪，夜間不眠看守行李。火車之混雜與無統制，令人驚訝。除了從車窗爬進去之外，別無辦法。而且車上不敢公然講日本話，大家默默地緊靠在角落，只覺抬不起頭來。

十二月七日學生全部撤完，教職員亦分別地區而先後離校。我留到最後，於十二月十一日離開雙冬。最後離開的是東條一家人與我一家人。

＊＊＊

我在雙冬的家

這屋瓦是臺灣瓦。其色彩、形狀、薄度，皆如京都的八橋煎餅②。

＊＊＊

①四腳仔：臺語「si-kha-á」，是對日本人之蔑稱。此因日人愛狗，而狗為畜生，故臺民罵日人為「狗仔」、「臭狗仔」，或以「四腳仔」暗喻之。

②八橋煎餅：又薄又硬的煎餅，形似小瓦片，為京都名物。

十二月いよいよ生徒を全部歸省せしめ陳ノ井學園を閉ぢて臺北の本校に引き上ぐる事に決定せりその間約三週ある生徒を自宅に歸らしむるやさいへども是は東京よりの閉校解散にて既に臺北の本校の中國に接收せられて臺灣省立臺北女子師範學校と改名せらる、あゝ中國人たる本島人生徒七名はともかく日本人生徒教員は東京よりふたゝび登校すべくも非ずよって農場の收穫物畜舍の鵞鳥家鴨鷄らの等三十余匹を料理して最後の晩餐會を校庭に催し別に地方人士を招きて好意を謝し解散の事を行ひぬ

生徒は十二月一日より始めて約一週間以内に各地方別に取纏めて歸省せしめたり彰化まではトラックにて輸送する苦勞こそ筆舌につくし難し 敗戦後は四足《シイカウ》と罵られて驛員より冷遇せられ好意を以て去許しくる、考もなく重きリユックサックを背負ひて掠奪におびえて衣も荷物の張大にあふし汽車はその混雑と無統制なる事は驚くばかりにて窓より飼ひ入る外のり込むべきところもなし 而も車内にては日本語も公けに許されぬ始末にて唯黙々と片隅に屏身せまき思ひや 生徒は十二月七日全部完了し教職員はその後逐次是亦地方別に引き上げ小生等は最后に殘りて十二月十五日双冬をあ發しぬ

最後に殘れるは東條氏一家と小生一家とのみ

是より先臺北市の小生の文武町の官舍は進駐中國省政府に接收せられ省政府教育處副處長宋斐如氏の宿舍となれりと留守をたのみし松本正雄君より報告あり 宋斐如廿四時間以内に立ち退くべしとの事にてもとより家財書籍等搬出の暇もなく大部分はそのまゝ接收せられ終りたり 竹一郎泰子等は終戦後臺北にありて或は校長医師宅に或は下奎府町の阿部サン家に將又松山の精一家に頼りつゝ學校に通ひ

コノ屋根
瓦ハ台湾瓦也
東部ノハ橋セン
ベイノヤキ色ガ私ト
薄サ也

双冬ノ陳ノ家

前此，我在臺北市文武町的官舍，被進駐的中國省政府接收，成為省政府教育處副處長宋斐如①的宿舍。受我請託看守的松本正雄②君向我報告說：必須在二十四小時以內離開官舍。但事實上，沒時間搬出家俱、書籍等，大部分都被接收了。竹一郎、泰子等兄妹於終戰後就離開臺北，有的住在枝松醫師家，有的住在下奎府町的阿部先生家，有的住在松山的精一家而繼續通學。根據他的報告說：治安姑且不論，物價甚昂貴，糧食不足，畢竟無法在臺北生活，而且家也沒有了（臺北的家被轟炸，又被設定為防空地帶而大部分拆毀，加上多數疏散者回來）。遂向服務於新營塩水港③的大場舅父商量結果，回信說：新營還有佐佐木利信④先生一家人，要復員回內地的話，親戚三家族一同行動較為方便；特別考慮到治安的萬一，若有三家人聚集在一起就可壯膽了。遂決定遷往新營的岸內⑤，先叫君子、泰子二人去實地勘查（此時看了岸內被轟炸的家屋，哭泣不願住那樣的破房子，但被我又叱責又勉勵，才決定遷往岸內）。原來在新營岸內的塩水港製糖會社，其社員的子弟凡中等學校以上的男女學生都集合起來，打算開一私塾。我們買了從彰化南下的貨車票，打算到水上接東條一家人同行。

①宋斐如：原名宋文瑞（一九〇三—一九四七），臺南縣仁德鄉人。日治時，臺北高校畢業後，入北京大學就讀。一九四二年任中國國民黨臺灣省黨部幹訓班教育長。戰後返臺，任臺灣省行政長官公署教育處副處長，為長官公署高層官員之唯一臺灣人。後於二二八事件時，因「叛亂」罪而被國府軍殺害。

②松本正雄：福島縣人，為作者之學生。

③新營塩水港：即指塩水港製糖會社。其總公司在新營，即今之新營糖廠。

④佐佐木利信：塩澤亮之堂叔。

⑤岸內：地名，今之塩水鎮岸內里。一九〇三年，日人創設「塩水港製糖會社」時，於塩水港岸內設立「岸內製糖所」。因當時塩水港、岸內皆屬「新營郡」，故本文所稱「新營的岸內」，實非今日之新營市，乃指塩水鎮的岸內里，距新營車站約十公里。

とのみ

是より先臺北市の小生の文武町の官舎は進駐中國省政府に接收せられ省政府教育處副處長宋斐如氏の宿舎となれりと留守をたのみし松本正雄君より報告あり 八月廿四時間以内に立ち退くべしとの事にてもとより家財書籍等搬出の暇もなく大部分はそのまゝ接收せられ終りたり 竹一郎泰子等は終戦後臺北にあって或は枝松医師宅に或は下奎府町の阿部サし家に将又松山の精一家に泊りつゝ學校に通ひ續けたり それらの報告にては治安は却りとも物價の騰貴甚しく食糧難にて到底それには生活し難く且家もなし（台北の家は爆撃と防空地帯設定のため大部分破壊せられてその上引揚者の居り来るもの多きためや）新營の塘居り内地に歸還するとせば親類三家族一緒に同伴する方便利なるべし 水塘に勤務中の大場の伯父上に相談せしところ 新營には佐々木利信氏特に治安の数々を憂慮せらる、今日纏まり居るは何よりの强みなりとの返事に接しともかくも岸内に引越すべき事に一定せりかくてきミコやす子の二名先發して岸内を視察して来たり（コノトキハ岸内爆撃デコワレタ家ヲ見テアンナ家ニ棲ムトハナサケナイトテ泣キノ泣ナリコレヲ叱リ励マシテ岸内行ヲ決定ス）新營岸内にある塩水港製糖会社々員の子弟中中等学校通の男女生徒を集めて私塾を開くを目的として岸内に行くに決定 彰化より汽車を雇ひもち水上に赴く東條一家と行を共にするになりしや 双冬より土城た

コノ屋根瓦ハ台湾瓦也 京都ノハ橋センベイノ如キ色ガ都ト 薄カ也

卡車從雙冬經土城庄、草屯街到了彰化，乘上貨車列車，車上過了一夜，途中在嘉義、新營兩車站過夜，十四日終於抵達岸內。沿路看到彰化、嘉義的廢墟，真是慘不忍睹。五十年的苦心經營，一朝化成灰燼。而在廢墟的街道上，建造中國式高聳入雲以歡迎陳儀長官的牌樓①。到處貼著藍色、紅色、黃色紙的標語或傳單，上面寫著：「臺灣光復」、「五十年壓政潰滅初仰青天」、「打倒軍國主義」、「實行三民主義」等，不一而足。戰時不知藏匿在何處而從來沒看過的雜貨店、飲食店等小攤販一下子陸續冒出來，引來本島人的洶湧人潮，無異於大拜拜。日本警察與軍隊皆奉大詔而放下武器，保持沉默。叫做「老鰻」②的本島人無賴漢橫行，或掠奪日本人家，或搶奪倉庫會社。

＊＊＊

這些木造建物遭受轟炸與掠奪，室內被偷得精光，連木板、玻璃也被剝光。

＊＊＊

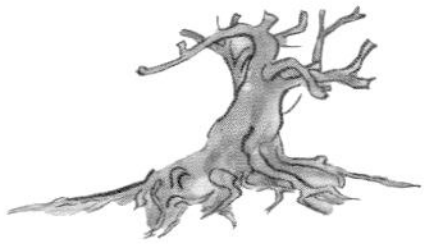

大榕樹竟也枯死了

＊＊＊

① 陳儀長官：一九四五年八月十五日，日本投降。八月二十九日，國府任命陳儀為臺灣省行政長官兼任臺灣警備司令。十月五日，前進指揮所主任葛敬恩中將等抵臺北。十月二十四日，陳儀抵臺北。十月二十五日，於臺北中山堂（公會堂）接受安藤利吉總督之投降書。陳儀後因吏治不彰，經濟惡化，導致二二八事件之發生。一九五〇年六月，被蔣軍槍決於臺北。

② 老鰻：臺語。今稱「流氓」。

草屯街を過ぎ彰化に
至りて貨車にのり込みて夜を明かし途中嘉
義新営の二驛に宿
泊して拾四日漸々岸内に
辿着す 道すから
見る彰化嘉義の廢
墟は惨澹たる姿にて
五拾年の苦心経営の
努力も一朝にして灰燼と
なり果てたんぬ
廢墟の街々には支那
風の樓門造りの陳
儀長官歓迎門のみ
聳え立ちつゝ「台湾
光復」「五拾年壓
政潰滅 初仰青
天」「軍國主義打
倒」「三民主義
施行」等の傳單貼
單のみ或は紺に或は
紅に黄に所々に貼
り出され何處に隠
匿せられありたるものか
ならん戰前にも見ざ
る雜貨店飲食
店櫛比して露店
の續きて本島人の
人出の騒々しき事
祭礼に異ならず 日本
警察官と軍隊は
大詔を奉じて武器
を捨て、沈黙せしため
「光《ロー》饅《マー》」と称する
本島人無頼漢共
横行し或は日本人
家をおそひ或は倉
庫会社を掠奪し
コレ等ノ木造建物ハ
爆撃掠奪ニアヒテ
内部ハ全部
奪ヒ板、硝
子ナドマデ
ハギトラル
榕樹ノ大木モ
遂ニ枯死ス

師範學校被炸毀之圖

* * *

好像要發洩三十年前、二十年前的舊怨，大逞暴行。光是臺中州的警察被殺死的就有五十六名，而被傷害、被掠奪的，不計其數。其他一般日本人或地方的領導人或涉及國策上徵用、召集事務的人，或涉及米穀供出①事務的人，都得罪了本島人而遭受暴行。在中等學校中，本島人學生聲稱過去受到日本學生的壓迫與迫害，遂結黨報復之。因此日本人學生就不敢上學，有的甚至被打死。又有所謂「三民主義學生聯盟」，群毆內地人學生於路邊；有的來到家門前，把學生叫出來拳打腳踢；倘有父母出面干涉，便會招來更多人的報復，因此父母只好忍心含淚，視若未睹。甚至還責怪日本老師偏心不公平，而襲擊老師的家或闖進學校毆打授課中的老師。

①米穀供出：一九三九年，臺灣總督府實施「米穀配給統制規則」。禁止米穀之自由買賣，農家穀物概由政府收購，因此各地設有「米穀供出事務所」。農民因被迫廉價供出米穀，故怨聲載道。

三拾年二拾年前の怨みを今に晴さむと暴行をたくましくしつゝあり臺中州のみにて警察官の殺害せられたる者五十六名なりとか傷害せられ掠奪に遭ひたるは數知れず一般日本人も亦地方の指導的立場にあり國策上徵用召集事務米穀供出事務に携りたる者は恨を買ひて暴行にあひぬ中等學校にては本島人生徒は今まで日本人生徒のため壓迫せられ迫害せられたりしと稱しつゝ是亦黨をなして日本人に壓迫を加へて暴行を行ひ之が爲日本人の登校は不可能となり中には遂ひに死亡せしものも生じたり三民主義學生聯盟なるもの內地人生徒を通に擁して擲り又は自宅に訪ね來たりて門前に呼び出しなぐる蹴る袋叩きの暴行を加ふるも家にある父母如何ともする能はず手出しせば父母にまで暴行を働き多數をたのみて仕返しを加ふる仕末にて唯唇をのみて見てみぬ振りをするのみや果ては日本人の先生を依怙贔屓せしとて呼び出して暴行を加へ家さ襲ひ學校を授業中になぐり込みをかけるにいたりぬ然れ共中國の警

師範被爆図

中國警察無力取締，日本人不得已組織自衛團以策安全。帝大教授桂先生連元旦夜也要去值夜，松山療養所住宅及附近住家也頻頻遭受集團的掠奪。精一家的隣居每隔一週就遭強盜一次，有時一天就有兩家遭殃。當時竹一郎住在那兒，我也週六、週日去住宿，怕得連老鼠的腳步聲都會驚醒過來，以為強盜來了。枕邊放著石油空罐和木棍，準備強盜一來，可以亂打一場。夜裡警報響時，便是通知有匪賊集團來襲，比戰爭中的空襲更恐怖。治安愈來愈混亂，取締也無定規，一般本島人對日本人相當有好感，但恐被稱為漢奸只好保持沉默，任憑不良分子猖獗而得志。尤其惡意散布謠傳說被徵調至日本內地的本島青年在內地蒙受迫害，或說在菲律賓的日本軍人因飢餓而槍殺徵用的本島人以食其肉。每次謠言一起，治安就亂，對日本人的迫害就更激烈。不賣日本人東西，不買日本人東西等，在生活上壓迫日本人，而且禁用日本語，要讓日本人的生活陷入絕境。

＊＊＊

女學生賣太鼓饅頭①

＊＊＊

拍賣傢俱

①太鼓饅頭：紅豆餡之圓餅、狀如鼓形。

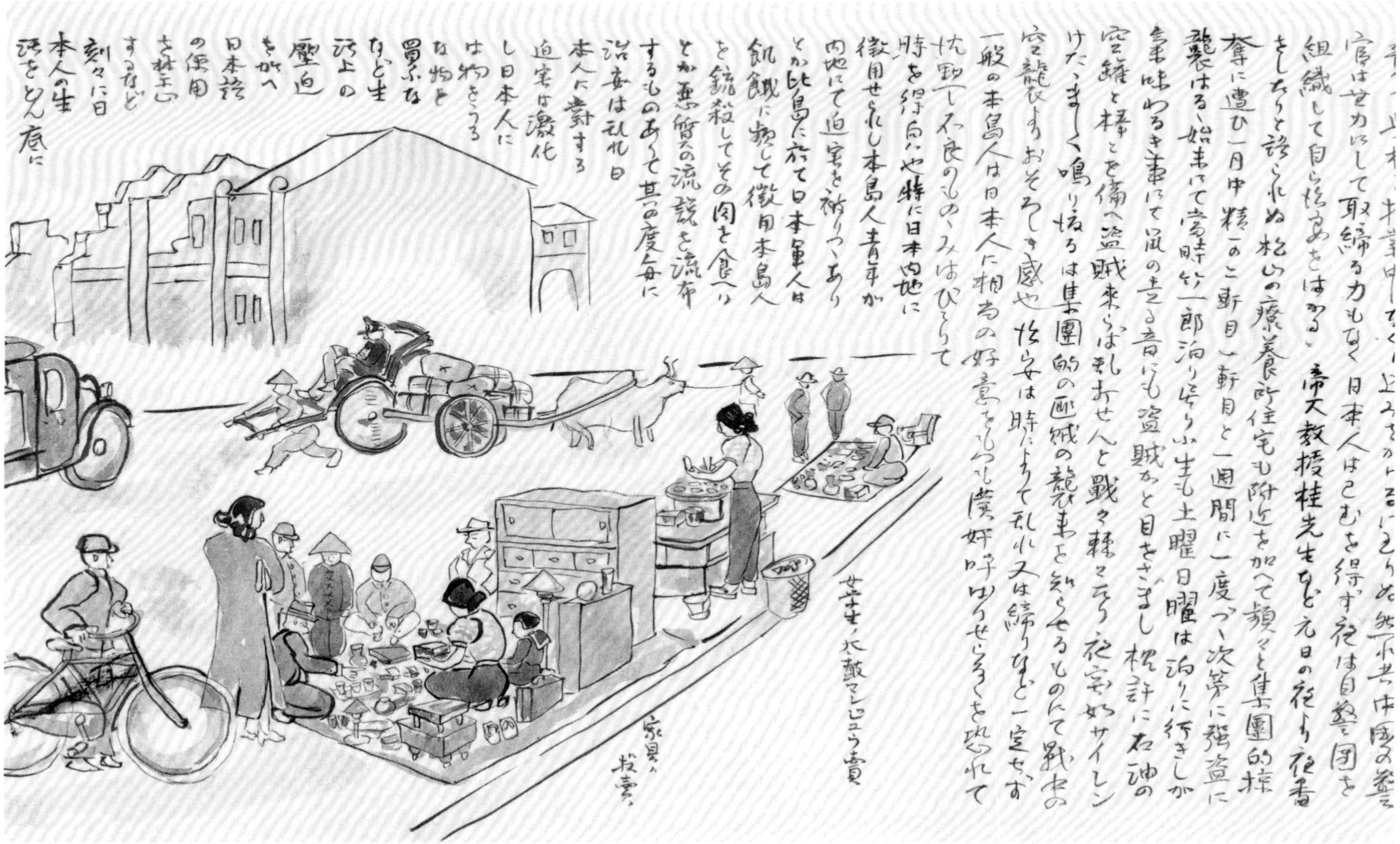
幸ひ工業中止もなく上みさかへるにとりぬ然共中國の警
官は無力にして取締る力もなく日本人は己むを得ず夜は自警団を
組織して自ら協力をはかる。帝大教授桂先生など元日の夜より夜番
をしたりと語られぬ 松山の療養所住宅も附近を加へて續々と集團的掠
奪に遭ひ一月中精一のこ新目一軒目と一週間に一度づゝ次第に強盗に
襲はるゝ始末にて當時竹一郎泊り居りし土曜日曜は泊りに行きしが
氣味わるき事にて風の吉る音にも盗賊かと目をさまし 枕許に石油の
空缶と棒とを備へ盗賊来らば乱打せんと戰々兢々夜毎サイレン
けたゝましく鳴り協ろは集團的の匪賊の襲来を知らせるものにて戰中の
空襲よりおそろしき感也 治安は時によりて乱れ又は締りなど一定せず
一般の本島人は日本人に相當の好意をもつも漢奸呼はりせらるゝを恐れて
抗戰し不良のものゝみはびこりて
時を得たりや特に日本内地に
徴用せられし本島人青年が
内地にて迫害を被りつゝあり
とか比島に於て日本軍人は
飢餓に瀕して徴用本島人
を銃殺してその肉を食へり
とか悪質の流説を流布
するものあって其の度毎に
治安は乱れ日
本人に對する
迫害は激化
し日本人に
は物を売る
な物を
買ふな
など生
活上の
壓迫
を加へ
日本語
の使用
を禁止
するなど
刻々に日
本人の生
活をどん底に
廿五年ノ太鼓マンジュウ賣
家具の投賣

日本人官吏被免職，即使未免職者也只發放半年薪水，以致無法養活妻子。米可自由買賣，一斤（二斤半為一升）六圓、七圓，一下子暴漲到二十五、六圓。我一家七口人，每日以二合計算，每月光是米錢就要二千七、八百圓。加上菜錢、柴火錢，則四千圓也不夠。於是學校、機關職員也只好每週休假二、三天，去當車夫或土木工，或把傢俱拍賣，以維持露水之命。但路邊拍賣傢俱的攤子愈來愈多，價格則愈來愈便宜，生活一天比一天困難。大學教授和勅任官①的夫人也在路邊鋪草蓆賣舊傢俱；良家少女也在路邊賣手製的太鼓饅頭或手捲的香煙；

＊＊＊

遺骨

進駐的中國軍人打赤腳，用雨傘、扁擔挑著鍋子、爐子、棉被，也沒有槍。雖怪陳儀長官率領的中國軍，令迎接的臺灣人啞然。中國軍隊進駐之後，臺灣人回復了對日本的尊敬與信賴，真是諷刺的事。

＊＊＊

日本人拍賣家財

＊＊＊

在路邊賣香煙的女學生
同樣賣香煙的小學生

① 勅任官：高等官一等、二等之高級官吏。

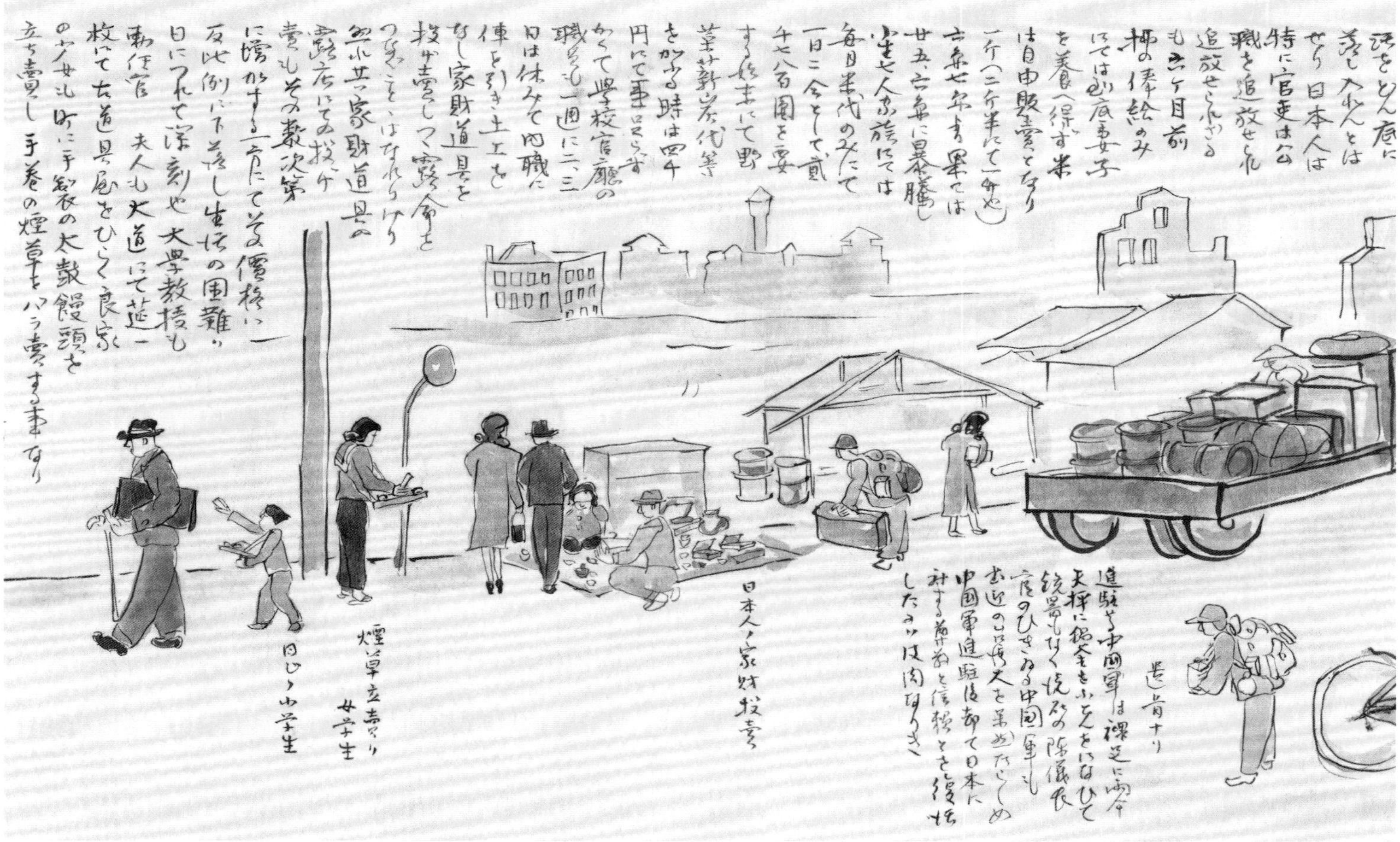
泥をどん底に
落し入れんとはせり日本人は
特に官吏は公職を追放せられ
追放せられざるも三ヶ月前
棒の俸給のみにては到底妻子
を養へ得ず米は自由販売となり
一斤（二斤半にて一斤也）
六元七角す界では
廿五六円に昇騰し
一家七人家族にては
毎日米代のみにて
一日二合として貳
千七八百圓を要
する始末にて野
菜や薪炭代等
をかぞる時は四千
円にて事足らず
かくて学校官廳の
職員も一週に二、三
日は休みて内職に
俥を引き土工を
なし家財道具を
投げ売りして露命を
つなぐこととはなりけり
然れ共家財道具の
露店にての投げ
売りもその数次第
に増加する一方にて其價格は
反比例に下落し生活の困難は
日につれて深刻化大学教授も
勅任官 夫人も大道にて莚一
枚にて古道具屋をひらく良家
の少女は街に手製の太鼓饅頭を
立ち売りし 手巻の煙草をバラ売りする事なり
進駐せる中國軍は裸足に雨傘
天秤に鍋釜ふとんをになひて
銃器もなく惨めの陸儀仗
下のひさなる中國軍に
歡迎の山民大を集めたらしめ
中國軍進駐後却て日本に
對する尊敬と信頼とを復活
したるは皮肉なりき
遺骨なり
日本人ノ家財投売
煙草立売り女学生
日ひノ小学生

連小孩子也在賣蔬菜、做香煙、在巷子裡賣豆腐。賣一塊豆腐可賺一毛錢。一塊豆腐零售價為七毛錢。

復員軍人或從內地來臺遊學的學生斷了家裡的援助，便成了勞工，或當了寄售商人或成為走私商人，日日奔走苟活，而等待遣返內地的日子來臨。有人說內地遣送要等到昭和二十四年（一九四九年），有人說今年底就開始，說法不一，因此也無法預估要賣多少傢俱及衣物。為了治安及準備內地遣送而聚集於大都市的日本人愈來愈多，一家屋子擠了數家人，混亂至極。總督府的官吏也沒有明確的指導，令人遺憾。原本臺灣無論是米、糖、鹽、麵粉、澱粉、肉類等物資甚豐，只要勞動就可活口，只要有傢俱、衣類可賣就可換取食物。但自從恢復中國貿易之後，大量物資輸往中國，價格暴漲，物資逐漸缺乏。我於十二月十四日抵達岸內之後，照預定開始計畫調查開設私塾之事，並與會社進行協商。但又接到臺北女子師範學校的徵用通知，不得已，我一個人北上，叨擾柴田君[1]家而從事公務。除了竹一郎之外，一家五人及鈴木茂子（學生）共六人留在岸內；

＊＊＊

彰化車站之景

在貨車上過夜

①柴田君：山形縣出身的舊同事。

子供まで野菜をうり煙草をつくり豆腐を寄りにうる
豆腐一ヶをうりて十錢の儲ならんとふ豆腐は小賣七拾錢程度也
復員軍人又内地より遊學せし學生は自宅よりの仕送り絶えて、多く労
働者となりたり 又依託販賣又闇商人とはなりてひたすらに生活の
方便に汲々として内地送還の日を待つ有様なり 内地送還は或は昭和廿四
年なりといひ或は本年より開始するも定かならずといひ眩瞭なる事不明
にて道具衣類を賣るにもその目安立たず 指安と内地歸還のためと
大都會に集まる日本人の數は次第に多く一軒に數家族うるもくとする始末
にて混亂その極に達して總督府の官吏等の明確に之を指導するもの少なき
遺憾の事なりき 然れ共臺灣は米といひ砂糖、塩といひ、小麥粉、繊物
肉類にいたるまで物資は豐かにして働けば好きなる食も得られ豊かなる
家財衣類あるうちは食物に不自由する事はなし 併し中國との貿易
復活して米 砂糖の大量に移出せらるゝに及びその價格の暴騰を招きて物資も
次第に窮迫してありき

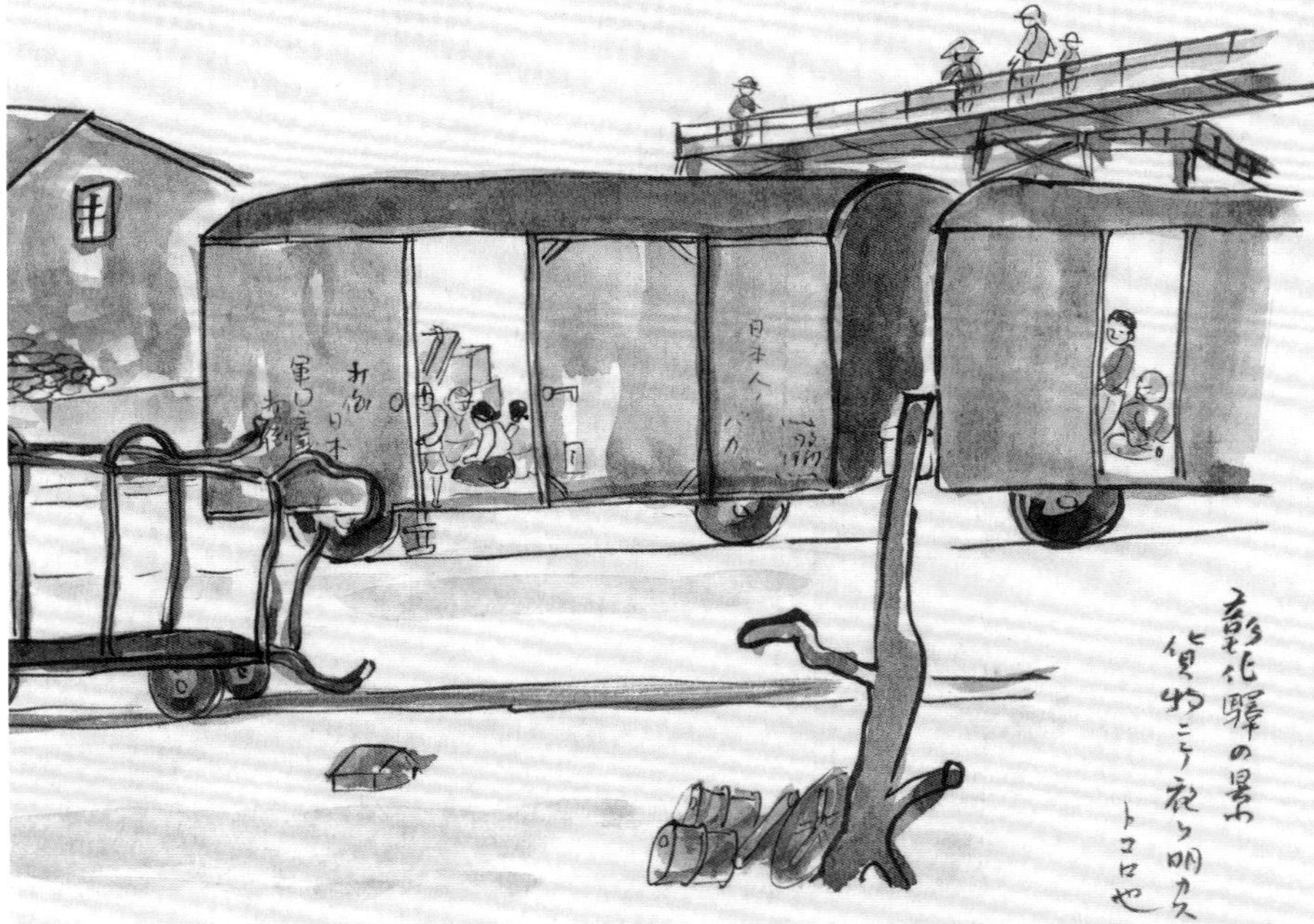

彰化驛の景
貨物こそ夜の明かし
トロロ也

小生は十二月十四日
岸内より着後
勝定の如く私
塾開設を計
畫調査中に
會社との打合を
行ひつつありしが
臺北女子師範
學校より徴用
の通知有 己む
を得ず小生のみ
台北紫田君の
家に厄介になり
つゝ公務に従ふ
岸内には竹一郎
を除く五人と鈴
木茂子(生徒)の
六名を殘す 岸
内にては所長家
族の名目にて 一
家を貰ひ會

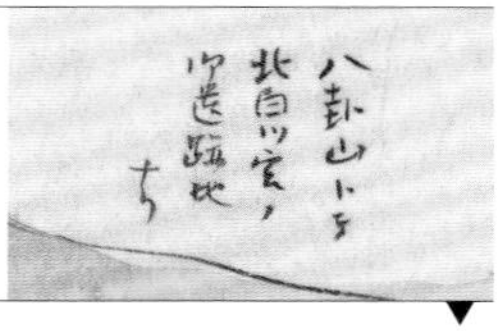

八卦山上有北白川宮的遺跡

＊ ＊ ＊

以所長①家族的名義得到了一間房子，承蒙會社的照料，得以平安過日，此皆蒙大場舅父之所賜。其後成為西俱樂部②的看守人，負責管理俱樂部與做飯給大場舅父吃，反倒得了不少方便，這也是舅父的特意安排所賜。塩水港製糖會社傳統上以東北人，尤其仙台人居多（由於荒井、槙③兩社長之故也），得識橫山、矢島氏諸仙台人，直到返日之前，皆受其恩惠。

臺北女子師範學校是由舊女子部、豫科、第一附校等三校（第三附小成為臺北市立）的建築物由中國政府接收而創設為省立。我被認為最精通於此事務，遂成為第一個被徵用的日本人④，從事於建築物的復原計畫，接收物品的調查、學生招考等事務。我要讓他們佩服日本人雖打敗仗但有本事，遂積極認真工作，頗獲信賴，校長有事沒事就拚命叫：「機喲沙哇機緣機伊！」（譯者按：把「西」音發成「機」音。即「塩澤先生」）「機喲沙哇機緣機伊！」校長是任培道女士，留學美國伊利諾大學，專攻心理學，是一位人格高超者。黃海冬女士，北京師範大學畢業，漢詩人。另外有周女士，也是北京師大畢業，一口漂亮的北京話。

①所長：可知大場誠之時任岸內製糖所之所長。

②西俱樂部：當時各糖廠皆設有俱樂部，如今之招待所及交誼廳。（總公司新營糖廠內或有「東俱樂部」）。

③槙社長：槙哲，東北人。慶應義塾理財科畢業。明治四十年（一九〇七年）任塩水港製糖株式會社社長以來，長達三十數年之經營，成為臺灣糖業三巨人之一（臺灣製糖會社社長山本悌次郎、明治製糖會社社長相馬半治，塩水港製糖會社社長槙哲）。

④徵用的日本人：國府接收臺灣之後，於一九四六年四月把在臺之日本人全部遣送返日。唯一部分科技人員及文教人員繼續任用，是為「留用人員」或「徵用人員」。然於二二八事件後，因國府懷疑有日人於幕後操縱，故全部被逐出。

社より何くれと世話さうけて平和なる生活を送ら得たらい一重に大場の伯父上の賜物也 後に至って西クラブの留守居人となり直接クラブの世話と大場の伯父上の食事其の他の給仕をする事となり却て便多くなりぬ是も伯父の陰からの盡力なり

塩水港は東地人特に仙台人傳統的に多く（荒井、槙西社長の〔寛〕傳也）槙山、矢島氏等の仙台人の知己を得て歸るまで厚意を受く

臺北女子師範學校は旧女子部豫科、第一附屬の三校（第三附屬は市政府立となる）の建物のまゝ中國政府によりて省立として創設せらる

小生は最もこの事務に精通せるとて最初は唯一名徴用せられ建物の復旧計畫・接收物品の調査 生徒募集事務に従事す 戰爭には破れたるも日本人はかういふものだと彼等を感服させてやらうと 積極的に且眞面目に仕事をせし為信用頗る厚く何事も「チヨザワセンセイ」〳〵とうるさき事限りなし 校長は任培道女史 アメリカのイリノエス大學心理學專攻 人格者也 黄海冬女史 北京師範大學卒業 漢詩人 別に周女史 同じく

李應時，東京工業大學畢業，陸軍少校，曾任蔣經國經營的廣東某中學校長。又有鮑女士，廣東人，成長於橫濱，廣東失陷後做為留學生來臺北入師範學校時，我重用她當了兩年舍監長；現在我反而變成被使喚的人了。由於過去這段因緣，這位鮑女士或暗或明地援助我，誠屬可喜。從一月二日至三月二十五日為止的徵用期間，新校舍的設計、設備的計畫之外，也實施了入學考試。其後不知校舍建得如何，令人懷念。

＊＊＊

初次與中國人士接觸，得到的感想是，日本人比他們認真得多，而且講道義多了。中國人較自由且快活，但其言行則甚不可信用，公然食言而不在意。其學識比起我們來，他們的大學畢業生相當於我們的專門學校畢業。其上下階級關係也令我們很不可思議，譬如工友把雙肘擱在校長的桌上而談話，其無規矩比本島人更差，連黃女士都把腳抬到桌子上；男老師坐在桌上談笑。不可信用之一例是，校舍委託建商，議價十萬圓，簽約文書既定；但等完成之後卻向商人殺價，只付半價而已，令本島人建商大為憤慨。如此事情，家常便飯。遂令本島人重新認識日本人的誠信而反省之。賄賂之事，習以為常。學校官廳的制度皆採外包，令人佩服他們真會善用他們的特長。抗戰八年，但其民族意識少得可憐，我既覺得不可思議，又想中國人之可怕或許在此。

＊＊＊

＊＊＊

松山的精一弟之官舍

北京師範大學出この女史の北京語は美しき北京語也 李庭時 日本東京工業大學卒業 陸軍少佐 蔣経國経営の廣東の中學の校長たりし人

その他に鮑女史あり この人は廣東人にて横濱に育ち広東共陷後留學生として台北に来り師範に入り小生二年に早りて舍監長として薫育せしに此女は反對に小生使はる、身となりたるは因縁ならん この鮑女史陰となり日向となりて小生を援助して呉れ誠にうれしき事なりけり 一月二日より三月廿五日までの徴用中、新校舎の設計、設備計畫、入學試験迄実施せり その後果して如何なる校舎となりしものならん なつかし、

中國人士と初めて接觸して獲たる感じは日本人の方はるかに真面目にして且道義的也といふ事也 中國人は自由且快活なるも其の言行に信用の措けざる点多く食言して平然たるところあり 其の學識も我々に比較する時は大學出に於ても專門學校出と同等程度なり 上下の秩序等は我々に不思議なる程意に介せず小使も校長の卓子にひぢをつきつゝ閑談して居る始末にて、不行儀なる事夥い 本島人以上にて 曽つ女史すら机に足をあげ男子は殆ど机に腰をかけて歓談せり 信用の措けざる例は校屋の請負にて拾萬円位にて引受けて書類を取替して完成後之を半分位に値切りて支払ひ、本島人をして憤慨せしめたる事有きけり 之等は普通の事也とか 従て本島人は却て日本人の素直さを反省改めて認識せしが如し 賄賂の事は多くが如くにして、學校官廳等の経営は皆請負制にて誠に彼等の特徴を利用したもの哉と感心す 抗戰八ケ年に及びて民族意識は頗る大なりし 是は不思議なると共に中國人の恐るべき点にして亦底にあるかも知れずと思はる

街頭の落首に曰く
「犬が去って豚が来た。犬はワンく

街頭有嘲諷歌，曰：

「狗去豬來，狗仔汪汪吠，但會保衛我們；豬仔食飽睏，睏飽食，只會為自己。」

大稻埕的臺灣人算命師說：「臺灣將於昭和二十一年（一九四六年）三月，再度被日本光復。」這種流言，無論本島人或日本人，表面上都當茶餘飯後的話題，但胸中無不熱烈地期待，並信以為真。

＊＊＊

松山的家，我於戰後週六、週日就去住宿，一方面也為了去會竹一郎。在松山市場買豬肉、麵粉、豆腐、油炸物、蔬菜等。煮烏龍麵條，與精一家人吃團圓飯，是快樂週末的行事。敦子①的得意料理是油炒蘿蔔再煮成稀飯。精一只會捲香煙，而我最拿手的是切煙絲。

＊＊＊

我最後的官舍在文武町，那是昭和十八年（一九四三年）六月拆掉舊物而新建的。因此我是最初也是最後的居住者，整整住了兩年。因為新建時，把洗手間及廚房改良成明亮的住屋，尤其十二塊塌塌米大洋式的客廳最舒適。院子裡闢了一片菜園，小番茄、洋辣椒最易長。因在校園內，所以夜間雅靜而無鄰居之嘈雜。常有客人來住。從後廊可以看到南門聳立於眼前，而三線道路就從門前橫過。

①敦子：あつ子。塩澤精一之妻。即作者之弟媳婦。

街頭の落首に曰く
「犬が去って豚が来た。犬はワンく吠えてうるさかったがよく衛って呉れた、併し豚は自分だけ食って肥えるだけだ」

大稲埕の臺湾人の易者の言に曰く 臺灣は昭和廿二年五月日本に再光復する と、かゝる流言が本島人にも日本人にも真面目に、表面には茶飲み話に併し胸中には熱烈な希望を以て信じられた

松山の家には終戦後土曜日曜に泊りかてらに訪ねて弟一郎にも會ひ豚肉と小麦粉豆腐油揚などを松山の市場で野菜と共に買ひ求め うどんに打ち精一家族團欒してたべるのが愉しい週末の行事であった あつ子の特別の得意とする處は大根を油でいためたお粥めしである 精一はもっぱら煙草巻き、小生は煙草葉の刻みを得意としたのである

文武町の小生最後の官舍は昭和十八年六月古き場所に新築せられた 從って小生が最初で最後の住み人となった まる三年住んだわけである 新しいだけ洗面所や臺所に工夫があって明るい住居で、特に十二疊ある洋式の應接間は悠っくりとして氣持のよい室であった 庭には一面畠をつくりふだん草トマト オクラが殊によく出来た 學校の校地のため庭は閑雅で隣組のうるさもなく 泊り客の多い家で 縁側から南門が直ぐ目の前に聳え 三線道路が門前を走ってゐた

原先謠傳在昭和二十四年之前不會被遣送內地的事已錯估了。為了軍人的撤退，從一月中旬開始，總督府下令士兵催促回歸原部隊，今日、菊地①等人也歸隊了。大家紛紛忙碌起來；而家族的遣送則於三月上旬開始實施。一般日僑的調查分第一梯次、第二梯次，由省政府及日僑互助會②雙方協調，記下希望歸國的日期，其實施已漸迫近。但我們被徵用的人，不知到底能不能回國？不安與焦躁充塞於我們之間。政府機關、學校、會社的徵用者，以團體或個別的名義申請解除徵用，請求內地復員，但皆不獲許可。可能是因為沒有這些日本人的話，臺灣的產業也好，行政也好，鐵路、電氣、砂糖等經營也好，都無法維持吧。臺北師範的徵用者也不被許可。我幾次請願，答覆是別人另當別論，唯有塩澤先生絕對不許，反而說要另外考慮給我優待辦法。精一弟跟他的新主管關係不錯，又知他有病，所以幸得解除徵用。松本君也將歸去。高雄的友之助③兄及其女兒芳子也來辭行了。這時岸內也接到一般人的遣送命令，我即奔回去一看，始知三月六日集合。但其日期已過，便以君子患瘧疾發燒為由申請延期。我決定請求解除臺北女子師範學校的徵用，以便從岸內做為一般地方人士歸國。

* * *

文武町五之四號官舍全景

① 今日、菊地：臺北師範畢業生，為作者之門生。
② 日僑互助會：由日本人組成，代表在臺日人向國府交涉之對口單位。
③ 友之助：塩澤友之助，為塩澤亮之堂兄。

昭和廿四年迄は歸れまいなど、諦観されてゐた内地歸還の事か軍人の引揚か促進せられて五月中旬から續々と原隊復歸か行はれ今田南也など總督府兵令復歸し次第にあはただしさをかへると共に遺家族の歸還か三月初旬より實施せられ一般日僑の調査か一次二次、省政府と日僑互助會と双方にて歸還日時の希望を書き入れて行はれ初まりその實現か次第に身近く迫って來た、我々徴用の者は果して歸れるものやら歸れないものやら不安と焦燥とにあはだしい風氣か一般にみなぎり官廳學校會社の徴用者は集團的に或は個別的に内地歸還の許可徴用解除を願ひ出たか許されなかつた 日本人か居なければ臺灣の産業も行政も鉄道も電氣も砂糖も經營出來ないのであらう 臺北師範の徴用者も不許可となった小生も駄目で如何に願っても余人はともかく塩澤先生のみは出來ぬと極言し却て小生の優遇の道を考へて異れる始末であった 精一は新許用と懇意の間柄の事はあり又病氣の事もよく知ってみて難なく徴用の解除となった 松本さんもいよく歸る 高雄の友云ゆサンも芳子か歸るお暇乞ひに來た その中突然岸内の方に一般人として歸還命令か發令されて來た 早速とんで戻ってみると三月六日集合である併し飯たその日か過ぎたのでキミコのマラリア發熱を理由に延期し臺北の女子師範の徴用を解除して貰ひ岸内より

文武町五ノ四官舍ノ景

但解除徵用之事畢竟無望，所幸臺北與新營距離很遠，便想不告而逃離。可是泰子與竹一郎反對如此做法，說會損傷戰敗而留下來的日本人的名譽。說得有理。泰子說要以女人的立場直接找任培道女校長談判。我就說：好吧！為了今後要活下去，就去考驗一下吧。於是泰子與竹一郎兩人上臺北，宿於松山，直接見了校長談判，校長堅持不許，經一再懇求，終於說本人親自來臺北一趟就可答應。謝天謝地。此時剛好松山的精一弟接到歸國命令，泰子便幫忙他們準備歸國，到三月二十日才歸來。同時，岸內方面也接到歸國命令說：「二十日以前集合於新營兵事部。」①

＊＊＊

在高雄碼頭接受行李檢查之圖

只許攜帶一千圓現金。

聽說在檢查當中，侄兒拓夫突然大便，令中國憲兵大為吃驚。

＊＊＊

①兵事部：即今之兵役課。

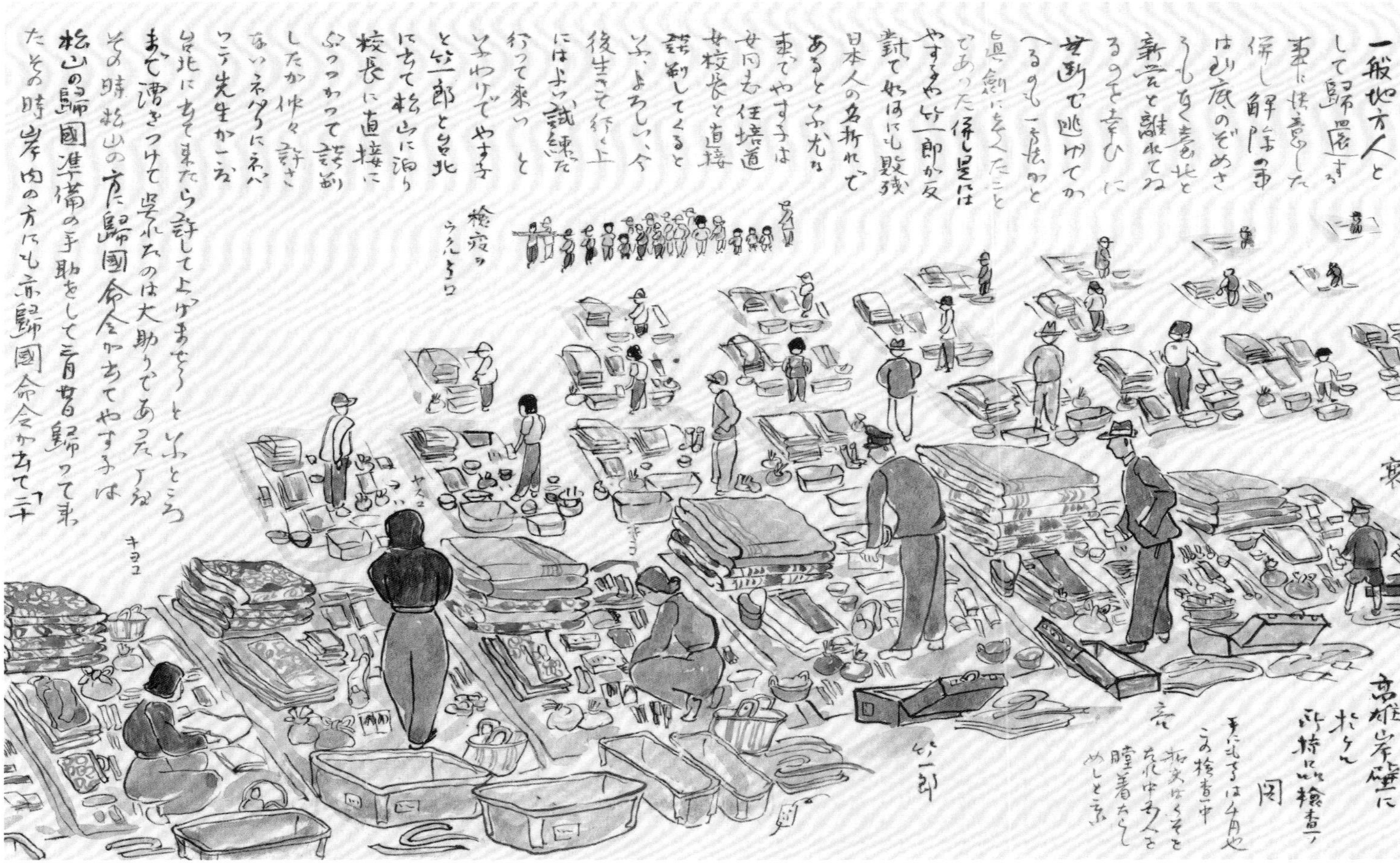
一般地方人として歸還する事に決意した
係し解除の事は到底のぞめさうもなく台北と新竹と離れてゐるのを幸ひに無断で逃げてかへるのも一方法かと真剣に考へたことであった係し員にはやすゑや竹一郎が反對で如何にも殘日本人の名折れであるといふ尤な事でやすゑは女同志 住塘道女校長と直接談判してくるといふ。よろしい、今後生きて行く上にはよい試練だ行って来いといふわけでやすゑと竹一郎と台北に出て松山に泊り校長に直接にぶつかって談判したが仲々許さないネバリにネバッテ先生が一云台北に出て来たら許して上げませうといふところまで漕ぎつけて呉れたのは大助りであった丁度その時松山の方に歸國命令が出てやすゑは松山の歸國準備の手助をして三首歸って来たその時岸内の方にも亦歸國命令が出て二十
検疫の
寝
ヤスヱ
キヨコ
竹一郎
高雄岸壁に於ケル所持品検査ノ図
手にもてるは千円也
この検査中

* * *

正好泰子還在松山，雖然徵用尚未解除，我們便七手八腳地整理家財道具，急急忙忙於十九日連夜把行李打包，把縫紉機與傢俱賣掉；為防止被搶，把小布塊、衣服全部賣掉，把以前購買留下來的米、糖、麵粉等也賣掉，邊賣邊警戒來買東西的本島人偷竊。書籍則一律以一斤四十錢賣出，但大部分實在不忍心賣掉，就放在糖廠俱樂部。放在臺北或松山的七千本圖書，或被強佔或拋棄，僅留兩三本準備在船上讀，此誠人生一大憾事。

好不容易來到新營兵事部集合，但醫療船在三十日以前無法出航。只因以君子的「瘧疾發燒」為申請延期的理由，所以非搭乘醫療船歸國不可。早知如此，就該慢慢準備，何必匆匆忙忙，但後悔也來不及了。幸好附近有佐佐木先生的家，就讓孩子們去借宿幾天，也可散散心。我決定去臺北會見任校長，取得解除的許可書。任校長看到我來辭行，非常高興，特給我六百圓薪俸做為送行費用。我把五百多圓分贈給臺北師範學校諸先生，尤其大部分給了柴田先生。柴田先生尚未解除徵用，就讓妻子六人先歸國，留下一個人孤孤單單。

在臺北，有人因內地無可投靠的親人，遂想歸化中國。粒粒辛苦經營五十年、四十年，一朝化為零，誠可悲也；而且內地又無親戚可依，則更令人悲上加悲。把銀行或合作社的存款能提的都提出來，卻偏偏遇上不可信賴的人、不誠實的人。這些話聽都聽厭了。要言之，道義已頹廢。學校教師也好，軍人也好，官吏也好，一般人也好，都是衣食足才知榮辱。「武士不食也裝飽」①的品格道義，已成古早古早日本的童話故事了。偶而走過新起町，看到崩塌的建築物中，掛著帳棚，奧山先生②一個人賣著戰火燒餘的零散舊器具。其悲涼的身影，令人連安慰的話都說不出來。

① 武士不食也裝飽：日本諺語：「武士は食わねど高楊子。」直譯為「武士不吃飯，也要把牙籤含得高高的。」意味武士雖窮，也要保持自尊。

② 奧山先生：東北同鄉的友人。

日進新営兵団部集結 ところがやす子は
松山に行って留守、徴用は解除されず あれや
これやで家財の整理はあまり居らず テンテコ
舞ひでナカナカ徹夜で急いで在る物をうってゐる ミ
シンや道具を売る かっぱらひを防ぐ 小布や
衣類を全てうる 買ひ溜めた米や砂糖や粉
類を売り払ふ 買ひに来て運んで行く本島人の
群の警戒をする 書籍なども沢山なるものも一冊四十銭と云ふ始末である
餘りに惜しいので売りもせずクラブに置き放しにしたものが大部分である
臺北でなくしたもの松山に置いて来たもの七千冊位の図書も 遂に僅かに
船中で読む二、三冊の外は捨てゝ来たも同然である 残念とも謂ひ様もない
やっとの事で新営兵団部に集合すると病院船の都合で三十日位まで
出発出来ぬとの事、君子の「マラリア熱発」と云ふ理由で延期してゐた
ので病院船送還と云ふ事だったのである 仕方がない、こんな事なら
もつとゆっくりと準備すればよかったと口惜しがるが後の祭である 丁度近
くに佐々木サンの家があるので子供等は宿泊旁々あそびに行き
小生は臺北に出て任校長に会ひ解除の許可書をもらってくる事にき
めた 任校長は別れの挨拶に来たことをひどく喜び俸給と六百円の
餞別を呉れた その六〇〇円近くは臺北師範の諸先生わけて柴田先
生に贈ってしまった 柴田サンは徴用解除のない為奥サンと子供六人と
を国に帰したさうで唯一人ポツリとしてゐた 臺北では内地に身寄
も絶え果て中国に帰化しようといってゐた人もあり 粒々辛苦五十年四十
年の経営が一朝にして無になり果てると云ふ悲惨さで その上帰るべき
内地の親戚もないと云ふ話のみでかなしい極である 銀行や貯蓄組合で
下ろせるだけの金はおろした 頼みたならぬ不実な人のうはさもきゝ、驚きる
泣かせられた 思ふのは道義の頽廃と云ふ事であった 學校教員も
軍人も役人も一般人も衣食足りて礼節を知るの反としか思はれない 武士は
食はねど——！ と云ふ品位と道義など昔々の日本のお伽噺としか思
はれなかった 新起町をたまゝ通りかゝると崩れ落ちた建物の中に天
幕を張り奥山サンが焼け残った指物道具をひとりポツンとした感じで
売ってゐた まことに悲しい次第で慰めの言葉も出なかった

ヒロコ

三月二十四日，返回新營，辦完繁雜手續，便與塩水港製糖會社的徵用解除人員會合，組成一團，決定從高雄歸國。大場舅父與佐佐木先生仍因徵用而留到九月底。新營出發定於三月三十日。背著行李，從總公司走到新營車站才六百公尺，就已精疲力盡。到底這些行李能否扛回到仙台？彼此面面相覷。

* * *

規定攜帶的物品如下：

洗臉用品

臉盆一個、茶杯一個、肥皂盒一個、毛巾一條、牙刷一只、牙膏一條、肥皂二塊、化粧品若干。

寢具類

棉被二條、枕頭二個、被單二條、蚊帳一頂、草蓆一張、毛毯二條。

衣服類

冬衣三件、夏衣三件、毛織內衣一件、外大衣一件、短褲二條、襯衫四件、短袜三雙、長袜三雙、夾克一件、毛線衣一件、腹帶一條、雨衣一件、帽子一頂、手套一對、木屐二雙、皮鞋三雙。

炊具類

鍋一個、鼎一個、爐一個、鐵杓子一只、炭夾子一個、柄杓一只、菜刀一把、湯匙一只。

* * *

曬食器

* * *

辰春輪的船上

* * *

甲板上

* * *

三月廿四日新営に歸り手續萬般が終つて塩水港製糖会社の徴用解除の人々と一緒の隊で高雄から歸國することゝなつた 大場の伯父上と佐々木サンとは徴用で九月末日迄残ることである 新営出發は三月三十日と決定。荷物を背負つて新営の驛まで約六百米位歩かなければ完全にのびてしまひ果してこの荷物で他まで歩かれるかしらと顔を見合せる

○規定の携物は次の通りである

洗面器類

洗面器 一、コップ 一ヶ 石鹸箱 一ヶ タオル 一枚、歯ブラし 一本

練ハミガキ 一瓶 石ケン 二ヶ 化粧品 若干

寝具類

綿布團 二枚 枕 二ヶ 布團カバー 二枚 蚊帳 一張

毛布 一枚 毛布 二枚

着物類

冬着 三着 夏着 三枚 メリヤス 一枚 オーバーコート 一着

サルマタ 三枚 シャツ 四枚 短靴下 三足 長靴下 三足

チョッキ 一枚 毛糸上衣 一枚 寝巻 一枚 レーンコート 一枚

ラシャ帽子 一ヶ 手袋 一組 下駄 二足 皮靴 三足

炊事具類

釜 一ヶ 鍋 一ヶ コンロ 一ヶ 金釘子 一本 火挾 一本 柄杓 一本

菜切庖丁 一本 匙 一本

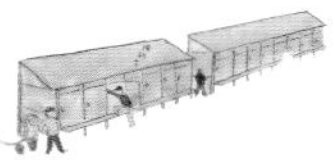

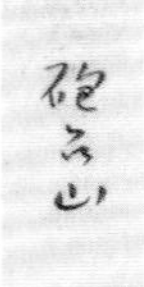

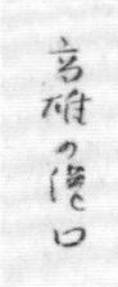

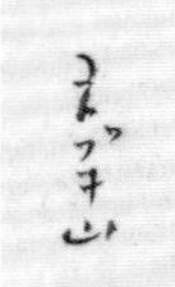

廁所

＊＊＊

砲台山（今名旗後山）

＊＊＊

高雄港口

＊＊＊

打狗山（今名萬壽山）

＊＊＊

小便

＊＊＊

洗食器

＊＊＊

日用品類

鋼筆一枝、鉛筆一枝、沾水鋼筆一枝、毛筆一枝、紅墨水一瓶、藍墨水一瓶、手錶一只、鏡子一面、眼鏡一付、火柴五盒、衛生紙二束、香煙十包、梳子二枝、衣刷子二枝、圖書若干。

手提行李類

皮箱一個、手提箱一個、籃子一個。

＊＊＊

砲台山
高雄の港口
日用品類
万年筆 一本 鉛筆 一本 ペン 一本
毛筆 一本 赤インキ 一瓶 藍インキ 一瓶
腕又懐中時計 一ケ 鏡 一ケ 眼鏡 一對
マッチ 五箱 チリ紙 二束 煙草 十包
櫛 二本 着物ブラシ 二ケ 図書 若干
手荷物類
トランク 一ケ 手サゲ袋 一ケ バスケット 一ケ
便所 十ケ
食器洗ヒ

藥品限一星期使用之分量

毛織衣、大衣、雨衣、帽子四項穿在身上者也算在內。

＊＊＊

砂糖或說二公斤或說四公斤，但兵事部勸我們把鹽與米分成小包，多帶一點也沒關係，因為日本缺乏糧食。

在此限制範圍內，我們儘可能多帶一些，尤其是衣服。遂把和服拆開，做成棉被或被單；把所有衣服包括披肩、內衣、腰帶等都縫上內裡，真是費了一番苦心。因此棉被上面出現了黑色家紋，薄薄的被單，裡面都塞滿了布料，卻變成又厚又重的棉被。因為棉被會被檢查，必須把縫口留下一部分。為了選定攜帶物品，往往會引起家人的爭執，每個家庭都有此困惑。彼此都有特別喜愛或懷念的東西，當然難以捨棄。

每個人限帶一千圓現金。郵局存摺可帶回去，銀行存款則可帶回存款證明。但幾時可以取款，不得而知。這些問題都看臺灣當局的決定，實感困惑。動產、不動產都被中國人查定後接收，只給一份「私人財產清冊」而已。

＊＊＊

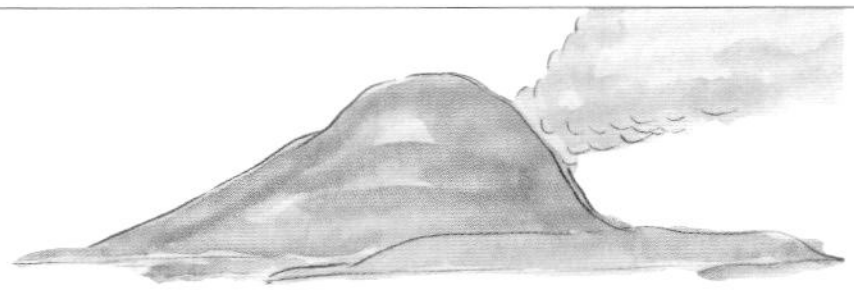

櫻島①噴火之景

正好在歸國途中，櫻島噴火了，其美景勝過松島②。也許是因為第一次看到日本國土的緣故也說不定，街上全部成焦土。

① 櫻島：鹿兒島灣內之活火山島，距鹿兒島市四十公里。以噴火聞名。

② 松島：日本三景之一。位於仙台市之東北方海上。松島灣內有二百六十多個小島，美不勝收。作者於返日後，從仙台市遷居至此，以便迎接散居各處的學生來遊玩。

桜島噴火の
景

丁お引揚の最中
桜島が噴火した
鹿児島の海の
美しさは桜島だと
だった初めてみる日本
本土のためかも知れない
街は全部焼土である

藥品ハ一週間以内使用分量
メリヤス　オーバー、レーンコート、帽子ハ着用のもの
も制限に入ることと
砂糖は二キロとか四キロといひまちまちなるも四キロ
でもって来た。塩と米とを各若干づゝ是は日本の
食糧事情のため是非もって行くやう兵事部から
すゝめられた
この制限内で成る丈多くのものを特に衣類を
多く持つため和服をほどいて布団や敷布に
臨時に仕立て和服も盡く重衣をつけて袷とし
一揃とすることにして羽織から下着襦袢帯まで
種々のものでつくり上げる苦心は並々のものでない
従って黒紋付の掛布團や紙のやうに綿のう
すくかゝはかり馬鹿に厚ぼったい布團が出来
上った　是等も綿のゆまで調べられるので一
部分は縫はずにあけて置かねばならず　なぜ
となると持参するもの、選定で家族の口論
が絶えなかったとの家でも困り抜いた　お互に
貴重と特別に思ひあのあるものが多く捨て
難いのは當然なのであった
お金は一人当壹千圓限、郵便貯金と銀行
貯金はそのまま、後者は在方證明をして
貰って持ち歸れた僅し共にいつ拂ひ戻して
呉れるものやらわからなく　皆是の問題は臺灣
になってから困り抜いた事だった　動産不動
産は中國人の查定で接收され　私人財産清
册として渡された

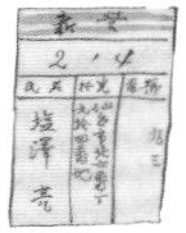

新營		
2之4		
姓名	目的地	號碼
塩澤　亮	仙台市北六番丁九十四番地	九三

＊＊＊

這是貼在胸前的白布條。以紅青二色區別部隊。此即表示第二中隊第四小隊的第九十三家族

＊＊＊

歸國之際，必備文件如下：

日僑回國證
歸國通知單
攜帶物品一覽表二份
每包行李明細表
檢疫證明書
私人財產清冊
歸國日僑銀行存款憑證
納稅證明書
軍人關係證明書

＊＊＊

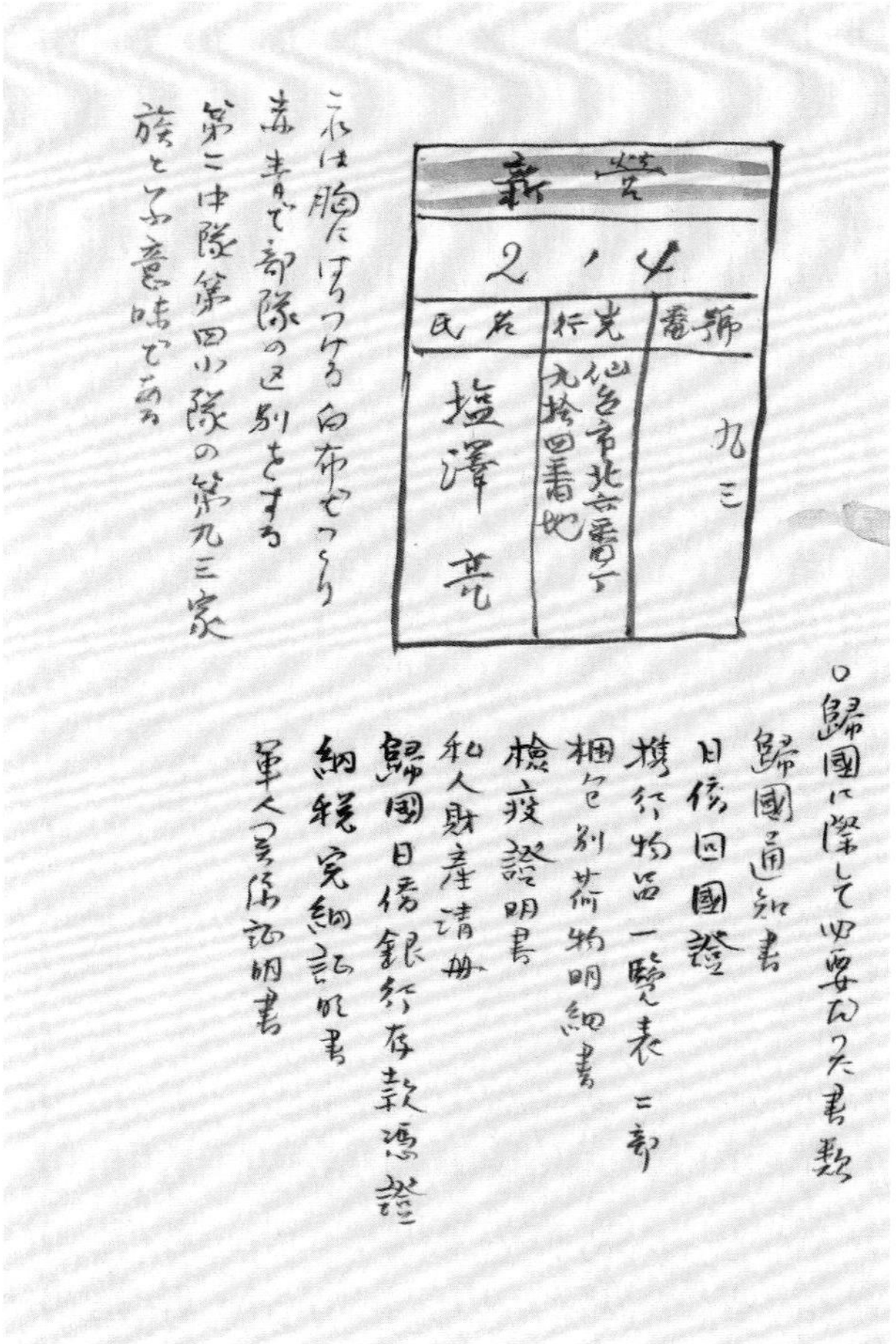
新
2／4
氏名
本籍
番號
塩澤亮
仙台市北六番丁九拾四番地
九三
これは胸にはりつける白布でつくり
赤青で部隊の区別をする
第二中隊第四小隊の第九三家
族という意味である
□歸國に際して必要なった書類
歸國通知書
日僑回國證
攜行物品一覽表 二部
梱包別荷物明細書
檢疫證明書
私人財產清冊
歸國日僑銀行存款憑證
納稅完納証明書
軍人身分證明書

想起在新營集合到高雄乘船為止的經過，就叫人心灰意冷。我家還算好，若想起松山的精一一家人，則真可憐。夫妻帶著吃奶的嬰兒及未上小學的孩子三人，其艱苦可想而知，但我們又愛莫能助。為了照料日本人的歸國，臺灣殘留日本兵八千人，在各都市、各港口協助之。雖有種種謠傳，但實際每人交一百五十圓，就會得到很大的幫助。

在高雄港成了廢墟的碼頭，把綑包的行李打開，排隊接受中國憲兵的檢查，然後再綑包回去，其麻煩與焦躁令人真想把行李拋棄。幸虧有日本軍人來幫忙，實感激之至。

赤裸身體接受檢查（男人由憲兵，女人由中國年輕女性檢查）。把行李翻來翻去，甚至連草蓆的背面也檢查，手上的一千圓也要檢查。被問東問西時，我心如同周遭的廢墟。

＊　＊　＊

從內心深處湧起戰敗者的悲憤。有人提醒我，看到中國憲兵來了，就要行最敬禮；但事實上，一看到他們，我就愣住了。

在酷熱的南國太陽照射下，站在水泥地的碼頭五個小時，直到黃昏，還沒檢查完。

＊　＊　＊

新港で集結して高雄で船にのり込むまでの事を考へるとうんざりしてしまふ
併し私の一家はまだ／＼良い方で假に松山の精一のことを考へても気の毒で
あるまして寡婦で乳呑み子の外に小学校にも行かぬ子供の三人もある家族
等みるもいたましい 併しお互に手一杯で世話する事が出来ないのだった 高雄
では日本人の歸國の世話として兵約八千が残留して都合々々滝ここで良く
萬事の世話をして呉れたのでとかくの噂はあってもまた一人あり

あった

百五拾名を出しても大助かりで
高雄港の廃墟の岸壁で
梱包した荷物をほどいて
並べ立て、中國憲兵の
検査をうけなりこれをまた
直ぐえのやうに梱包する
手数と焦燥とは實際荷物
など一部投げ捨てたい位で兵い
隊がとにかく手傳って呉れた
といふだけで嬉しかった
裸になって検閲をうけ
たり身体検査（男
は憲兵、女は中國人の
若い女子がする）や
荷物をひっくりかへし
呉座のうらまで
しらべられ
手にもつ千円
まで彼是と
いはれると
周囲の廃墟と＊

＊共に心の底から戦争に
敗けたのだと悲しくし
亦怨めしかった　支那の
憲兵が来たら丁寧に
礼をすること、注意をい
受けてゐてもいざとなると
むっとしてしまふのだった
暑い南國の太陽に照ら
され混凝土の岸壁の上
に五時間も立ちつくし
てのこの検査は夕暗が迫
っても未だ終らずまったく
⊗

等到摸黑時刻才好不容易結束，接著馬上乘船。好吧，把一切勞苦與羞辱都在今天之內結束，明天起就可在船上伸展手腳了。所幸復員船「自由號」①也好，登陸艇也好，船上的工作人員都是日本人尤其是海軍軍人居多，心想必可得到知心的溫情，不料卻無人來幫忙，只好一個人在黑漆漆的碼頭顛顛跛跛地把行李一擔一擔地挑，直到十一時左右，才鑽進隔成兩層的船底。當我爬上陡急的舷梯時，走在前面的襄兒因為背包的重量搖晃了一下，腳就滑向旁邊；我也同時啊了一聲，腳滑了出去。「完了，掉下去了！」瞬間，我閉上眼睛由它去吧，定神一看，才知道襄兒與我被船員的手支撐著，真冒了一身冷汗。現在夢中也常常出現那時情景。原來船員站在黑暗處，而我一點也沒察覺到。

＊＊＊

卡車載人們到宿營區。

＊＊＊

搬運行李，都由復員的男人擔任。

＊＊＊

①自由號：Liberty，美軍運輸艦。

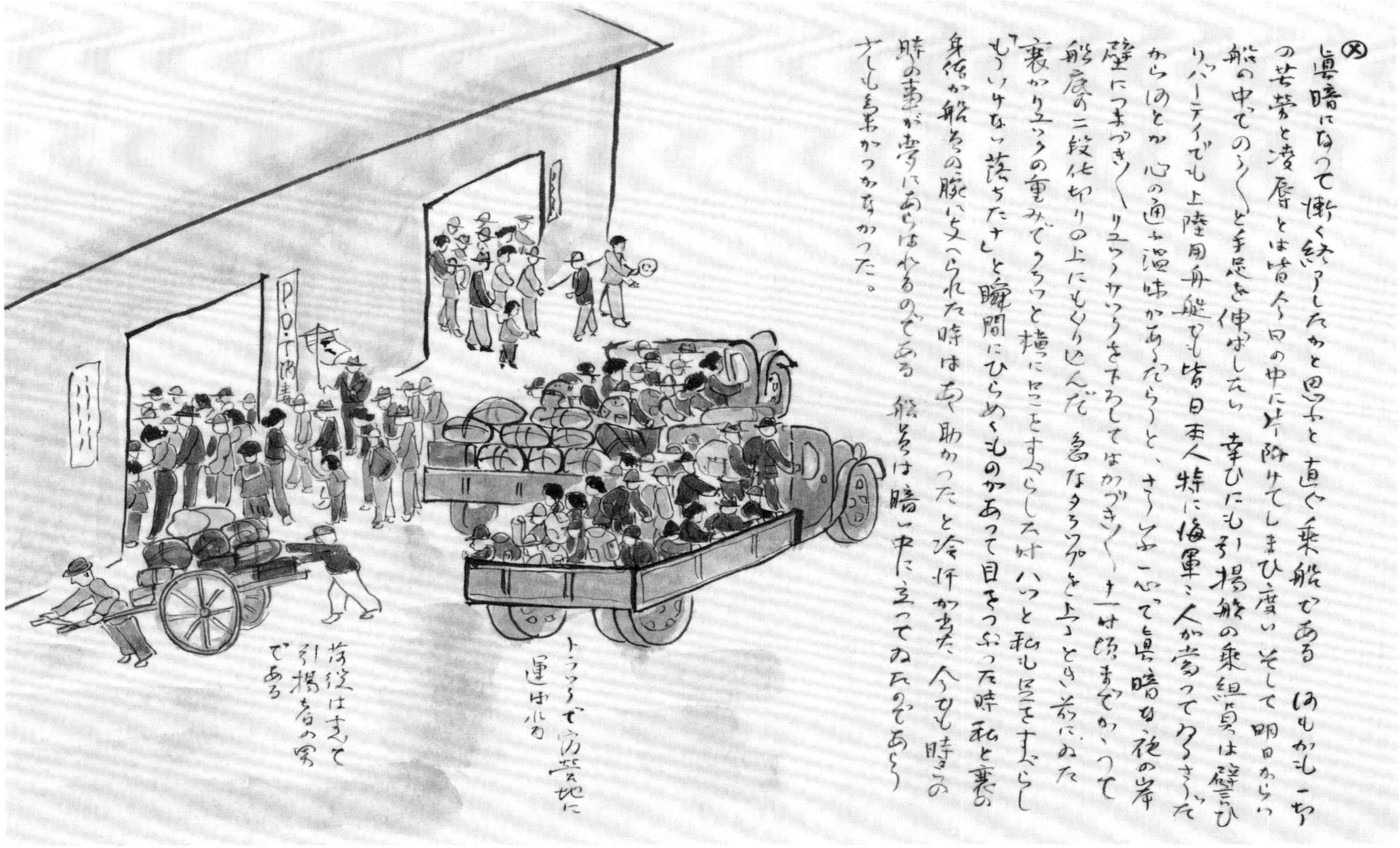
㊇
真暗になつて漸く終了したかと思ふと直ぐ乗船である 何もかも一切
の苦労と凌辱とは皆々口の中に片附けてしまひ度い そして 明日からい
船の中でのう〳〵と手足を伸ばしたい 幸ひにも引揚船の乗組員は[illegible]
リバーテイでも上陸用舟艇でも皆日本人特に海軍さん人が乗つてゐるさうだ
からはとか心の通ふ温味があつたらうと、さう〳〵一心で真暗な夜の岸
壁につまづき〳〵リユツクサツクを下ろしてはかつぎ〳〵十一時頃までかゝつて
船底の二段仕切りの上にもぐり込んだ 急なタラツプを上るとき前にゐた
妻がリユツクの重みでフラフラと横に足をすべらした時ハツと私も足をすべらし
「もういけない落ちたナ」と瞬間にひらめくものがあつて目をつぶつた時 私と妻の
身体が船員の腕に支へられた時は本当に助かつたと冷汗が出た 今でも時々その
時の事が夢にあらはれるのである 船員は暗い中に立つてゐたのであらう
少しも気がつかなかつた。
D.D.T消毒
トラックで宿営地に運ばれる
荷役は全て引揚者の労である

在這倉庫裡，噴灑DDT，做全身的消毒。用壓氣筒從背部、腹部至內褲為止，全被噴灑一通，甚至連頭上也被噴灑。最後才被蓋上「消毒畢」的橡皮章。

＊＊＊

在船抵日本之後，貨物的搬運由復員的男人擔任。竹一郎被安排在船上裝貨，我在船外接貨。為此，直到六月中旬，我的腰還在痛。因為手腳遲鈍，讓五、六包行李掉進海中，真叫人悔恨。遙遠從臺灣拚命帶回來的行李，還沒踏上祖國的土地，就在眼前沉入海中，連眼淚都流不出來，只是呆呆然而已。

＊＊＊

船中の旅行は夢り安全は船外に
あって荷物の捲き役にあった
この為二月中旬まで腰がいた
んで仕方がなかった この旅行中
不馴れの為五六ヶは海の中に
沈んでしまった はるばると
臺湾から 生命にかへても
と
もち歸った
荷物が内地の
土も踏まず目の前で海の
中に沈むのをみると
涙もでなくて 茫然たるもの
であった

三十一日從高雄啟航，四月五日抵達鹿兒島港，六日登陸。當天下午五時開出的復員列車，直往品川①。八日早晨五時許平安到達仙台。「平安到達」這句話不知是誰發明的？應該說「好不容易到達」才對。回顧前塵，倒真是意想不到的「平安抵達」。仙台街上已化成焦土，車站也全被燒毀。臨時車站前面的積水處，結了一層厚厚的冰。時序已是四月八日，但北國的嚴寒好像等了很久似地，一股腦兒向我們的身體猛撲過來。無論在鹿兒島或京都或東京，到處都有「在外同胞父兄復員援護學生聯盟②」的學生在車站前張著帳棚，燒著柴火在等著我們。仙台也不例外，學生們親切地接待我們。在火爐邊暖暖身，聽說九時左右卡車就會來，但我真想馬上走路回到六番丁③的老家。想六番丁也被炸了吧（雖然在臺灣時，伯母一再來信說平安無事）。不安的同時，也想到不能一切都要依賴他人的好意幫忙，雖這般寒冷，但正好給孩子們一個考驗，就強拉著孩子們走元寺小路回去。途中，要不是遇到運貨的馬車欲往八幡町而讓我們坐上去的話，可能我自己也走不到縣廳前的廢墟。六番丁果真無恙。四周被燒過的原野中，老家平靜地矗立著。聽說燒夷彈從二樓貫穿房間，大家努力把火撲滅。這是神明的保佑吧。已看到了狗狗④無恙的姿影，心想要是在下新田⑤能見到雙親，此生就無遺憾了⑥。

①品川：東京都內之品川車站，為日本南北鐵路交通之要道。

②「在外同胞父兄復員援護學生聯盟」：戰後日本學生自主性組織的全國性學生團體。類似當時臺灣學生的自主性團體「三民主義學生聯盟」，但所做所為卻大不相同。

③六番丁：仙台市內的街名。作者的老家在此。

④狗狗：原文為「ワンチャン」（狗狗），實為作者長兄幼年時之綽號。

⑤下新田：距仙台市北方五〇公里處的地名。此處有塩澤家的田地。此時作者之父母於此生活。

⑥結果見到了年老的父母，作者終生無憾矣。在未見父母之前，作者必先解決自己一家大小的生活，故急於尋找工作，遂應徵宮城縣立女子專門學校之教授職位，而於等待人事發表之空檔，就拿貼紙扉的宣紙，畫下這卷回憶的繪卷。

三十一日に高雄を出帆して四月五日に鹿児島港着 六日上陸 その日の午後五時發の引揚列車で品川まで直通につき 八日の朝五時頃仙臺に安着した 安着といふ言葉も誰がつくつたものか、やつと着いてやれやれと云ふ顔みてよくも無事に着いたものだといふ氣持であつた 仙台の街は焼土と化し驛も全部焼けて假驛の前の水溜には厚い氷がはつてゐた 四月八日だといふのに北國の寒さの嚴しさがゾクゾクと今更のやうに小生等の身体にきそひかかり壓迫するのだつた 鹿児島でも京都でも東京でも何處もさうだつたが 仙台でも在外同胞父兄引揚援護會と聯盟の學生が驛前に天幕を張り焚火をもやして何呉れとなく親切に世話して呉れる そこで迎へすりから待てば自動車も九時頃には来て呉れると云ふ事であつた 併し私は妙に直ぐ歩いて六番丁に帰りたかつた この様子では六番丁もやられてゐるかも知れない(台湾でひとしほ母の便りで安否は知つてゐたものゝ)と云ふ不安ともう一つ人の厚意にのみ甘へてゐては駄目だ この位の寒さは子供等にはいゝ試練だと云ふ氣持で無理に子供等をひきづつて元寺小路を歩いて帰つたのであつた 併しもし途中で八幡町行の荷馬車を拾ひ得なかつたら私自身縣廳前の焼跡でのびやつてゐたかも知れなかつた 六番丁は無事だつた 周囲の焼野原の中で静かに無事だつた 焼夷弾が二階からお部屋につき抜けたら皆の努力でけし止めたのだと云ふ お祖母さんの御加護なのであらう ワンちゃんの無事な姿を見て 新田で両親にお會ひしても残すところない氣持である

附錄

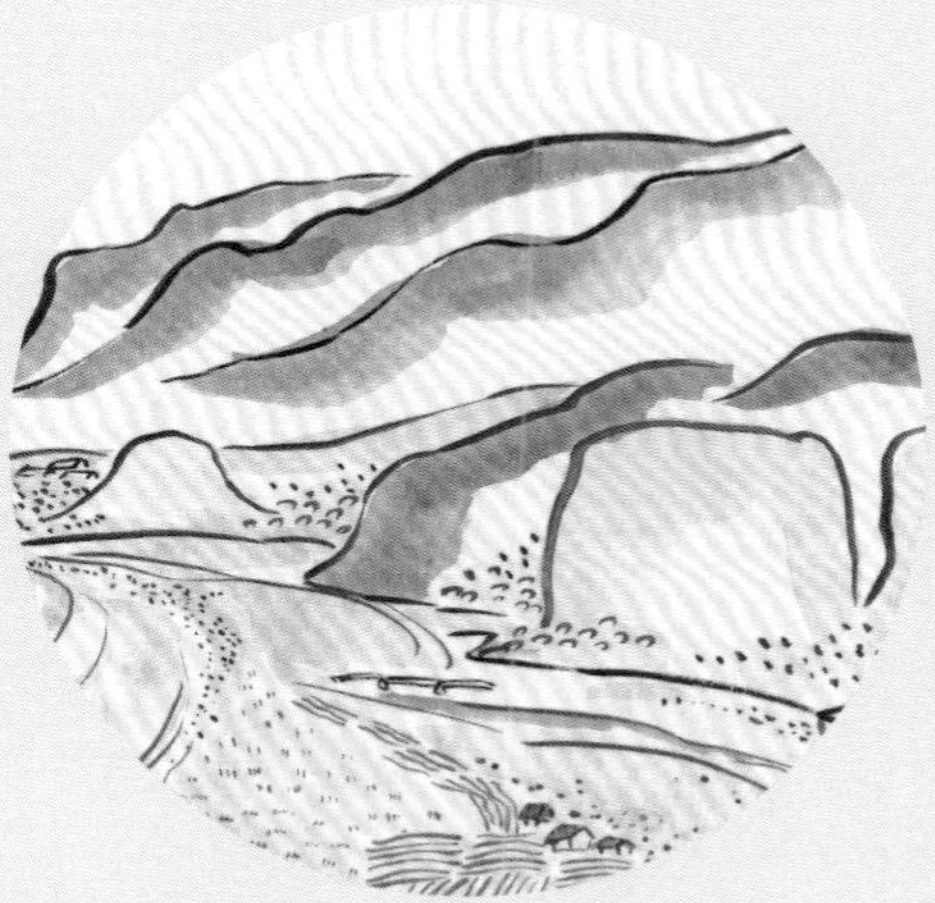

附錄一

塩澤 亮先生長女

相澤泰子

＊＊＊

張先生：

此間已漸涼，貴地還很熱吧。謹向您問安，同時也因無法完成您的託負而向您致歉。

從兒童時代到青春前期所生活的臺灣、臺北，終生難忘。

復員日本之後的數年間，只要看到「仙臺灣」或「北仙臺」的字眼，就變成「臺灣」、「臺北」而躍入眼簾。此刻望鄉的愁思便滾滾於心胸。明明我已和雙親一起返回仙台故鄉，怎麼還……。

從此經過了六十年，臺北漸行漸遠。

想起從母校（臺北第一高女）三樓的窗口望出去，左邊可望遙遠的觀音山，右邊清晰的大屯山，正前方是圓圓的面天山，隨著季節而浮現各種姿態。

輾轉換了四間公家宿舍的生活，弟妹們一個個增加，後半段還多了一位名叫「阿秀」的年輕女傭。南門町時代的宿舍後面小巷，有一位纏足的阿婆（比我現在的年齡年輕多多吧）每天提著漿糊袋走來洗衣服。

南門町東西端的兩間、龍口町，再搬到麗正門附近的文武町。庭院的植物、鄰居，還有數不盡的往事，有年幼的、有少女的悲歡喜樂……。

張先生：

当方は残暑の候になりましたが、そちらはまだまだ盛夏の暑さで―ようか。お見舞申し上げます。そして御依頼にお應えできないことをお詫びいたします。

子供時代から青春前期までをすごした台湾、台北は忘れがたいところです。

引揚げ後の数年、仙台湾とか北仙台などの活字は台北、台湾となってとびこみ、その度望郷のおもいで胸を熱くしました。親たちと共にふるさとに帰っている筈なのに―。

それから六〇年、台北も遠くなりました。

今も、校舎（旧台北一女）三階の窓から眺めた左に遠く観音山、右手しっかりと大屯山、手前に丸い面天山の季節折々の姿がまざまざと浮かびます。

転々とした四軒の官舎での生活、弟妹が一人づつ増え、後半はそこにAsyo（阿秀）という若い家事手伝いの女性が加わり、南門町の時は官舎の裡の路地を纏足のおばあさん（今の私よりずっと若かったと思います）が、糊袋をぶらさげて通ってくれました。

南門町東西の端の二軒、竜口町そして麗正門そばの文武町。庭の植物、近所の人たち、そこでの出来ごとの数々幼ないなり若いなりに、切なかったり口惜しかったり嬉しか

但不幸的是，在那段歲月裡，我們對臺北、對臺灣，都沒學到什麼。無知地在日本人社會圈裡生活。尤其我家屬於仙台士族舊家庭，在熱帶的臺灣仍然過著內地式的生活，想來也是必然的，那就是我們的世界。等到戰爭劇烈，乃至疏散到雙冬為止，我們都未自覺其怪異。

連臺灣是日本的殖民地之事實，也一無所知。連本島人與高砂族（當時如此稱呼）的區別也不知道，感覺都是一樣的。這樣的無知、幼稚，真是羞愧萬分。

敗戰後大約過了十年，社會稍安定之後，在圖書館借了幾本在臺灣出版的書來看，不禁手腳發抖。

日本統治下的五十年，住在臺灣的本島人與被稱為高砂族的原住民，是被置於怎樣的地位？如何受到日本的對待？

迎合的人、叛逆的人、抗議的人、戰鬥的人、鑽營的人、碰壁的人、殺人的人、被殺的人、統治者的強大力量、四腳仔、三腳仔。數不盡的不平等、不合理的結果，把全世界變成敵人的戰爭，有的被徵用勞役，有的被充軍，有的當了少年特攻隊員而被遺棄於菲律賓。這些都讀了《寒夜》（李喬著）的翻譯本才知道的。當然死亡的人也很多。

聽說也沒有得到充分的補償。

最近也得悉有人陳情，要討回被奉置於靖國神社的「高砂族的魂魄」。

隨心所欲——那是我們的臺北時代，臺灣生活的寫照。

懷念的故鄉臺北，現在想來，變成難過、虧心、對不起的臺灣；當然不是我一個人的責任，也不是日本攻佔臺灣；而是因為日清戰爭的結果，把臺灣割讓

ったり―。

でも不幸なことにそれらのほとんどの歳月、私たちは台北について台湾について何も学ばず、無知で、日本人だけの社会で暮らしました。特に我が家は暑い台湾で寒い仙台の旧家のしきたりをまもっていたのです。それが当り前それが私らちの世界でした。戦争がはげしくなるまで、或は疎開地雙冬に行くまで、そのおかしさの自覚さえなかったといえるでしょう。

台湾が日本の植民地であるとうう認識もおぼつかなく、本島人や高砂族（当時そう呼ばれていた）こそ台湾の先住民という区別もなく、みんな同じという感じでした。無智で幼稚だったとしか言いようなく恥ずかしい限りです。

敗戦後一〇年以上も経って世の中がおちついてから、図書館で戦後台湾で出版された何冊かの本を手にしました。足がふるえました。

日本の統治下の五〇年、台湾に住んでいた本島人や高砂族とよばれていた前住者がどんな位置におかれ、日本人にどんな扱いをうけていたか。

迎合する人、逆う人、抗議する人、戦う人、すり抜ける人、ぶつかる人、殺す人、殺される人、治める方の力、力、力、四脚、三本足、散々な不平等、不合理の果てに、全世界を敵にまわした戦争になってからは、否応なく徴用され、軍役にかり出され、少年特攻隊員としてフィリピンにおき去りにされた人もあると、「寒夜」の訳本で知りました。

勿論亡くなった人も沢山。

充分な補償もないと聞いています。

最近は靖国神社に勝手にまつられた「高砂族のたましいを返せ」とくり返し陳情している人々のことも知りました。

給日本，以後就成了日本的領土。無視島民的意志，只因國與國的方便，任意割捨與收受，實令人難以忍受。

現在的沖繩縣，過去是堂堂正正而和平存在的琉球王國。比起過去的臺灣，現在的沖繩更為不幸。沖繩的女性都把長髮捲起來在頭頂上打個髻，髻上插髮釵。有錢人用金或銀，窮人則用鐵或木做成髮釵。聽說那是用來保護自身免受薩摩（九州南部）武士侵犯的武器。可見多少女人對薩摩的男人感到恐懼與憎惡而活下來。

當我參拜「姬百合」（戰時犧牲的沖繩女性們）紀念碑時，沖繩人導遊對我說：「日本人來參拜，令人感激。」我原先是為自己的人來參拜的，被她一說，頗覺意外。

仔細一想，沖繩本來也不是日本的領土，後來不幸被納入日本版圖。戰爭中，有的被日本兵從背後擊斃，有的躲在防空壕裡而日本兵怕她們投降美軍，便扔進手榴彈把她們炸死。

戰後，美軍佔領沖繩。我曾經與同志們手牽手、臂挽臂地高唱：

美軍撤出！

還我沖繩！

還我沖繩！！

現在想來，真是太過分、太專斷了，那不該是日本人唱的歌。沖繩應該還給沖繩的人才對。

最近我愈想愈認為沖繩應該脫離日本而獨立才好。

小國就小國，像歐洲一樣，亞洲成為一個共同體，互相幫助而各自獨立；國

いい気なものだった。私たちの台北時代、台湾での生活。

なつかしいふるさと台北は、思うと辛い後めたい申しわ訳ない台湾になりました。勿論私ひとりのせいだけでも、日本が台湾を攻めとった訳でもないけれど、日清戦争の後始末に日本に渡され、以后日本の領土となりました。そこに住む人の意志にかかわらず国対国の都合でやったりとったりされるのはたまらないことです。

沖縄なども琉球王国として立派に平和に存在していたのに、今はかつての台湾同様、否、より一層の不幸の中にあります。沖縄女性の長髪をぐるぐるまとめて頭上に止める一本のかんざしは、上流の人は金や銀で、貧しい者は鉄や木を削ってつかう。あれはまさかの時薩摩の武士の乱暴から身を護る女の武器だつたを聞きました。どれだけ沢山の女が薩摩の男におそれと憎しみを抱いて生きて来たのか。

ひめゆりの「がま」に詣でた時、沖縄のガイドさんに「日本の人にこんなにおまいりして貰ってありがとう」と言われました。私は自分のこととして詣でているのに、心外でしたが。

思えば沖縄はそもそも日本の地ではなかったのでした。不幸にも日本に組みこまれ、戦中は日本兵に後から撃たれたり、避難している壕から出て降伏しないよう手榴弾を投げこまれて皆殺しにされたりした人たちの国だったのでした。

その時、沖縄の米軍基地を日本に返還せよと要求してかってスクラムを組んで歌った

與國之間不相爭奪；人民、物產互相交流，互補不足。

我已年屆八十，超過家父當時的年齡十歲了。

不肖的女兒，徒令父親失望。雖事事拂逆他，但氣性卻完全承繼他了。

臺灣、臺北，說遠卻近，說近卻遠。請原諒我的言行，再怎麼說也是我們的第二故鄉。

祈祝那塊土地成為諸位最安居樂業的國度。

祈求降臨平安於 FORMOSA 臺灣！

相澤泰子敬上

（二〇〇六年）八月三十日

張先生

（白內障手術後視力減退，
字跡潦草，請原諒。）

歌を思い出しました。

沖縄をかえせ！

沖縄をかえせ！

何という思い上り身勝手。日本人がうたう歌ではなかったのです。沖縄は沖縄の人たちにこそ返すべきなのに。

この頃、私は沖縄も日本からはなれ、独立したらよいと思うよにになりました。

小さな国は小さいまま！ヨーロッパのようにアジアが一つの共同体になって、たすけあいながら存立してゆくことはできないのでしょうか。国と国が張りあわずに、人も産物も交流しながら不足を補いあってゆく—。

私もすでに八〇才、父の年を一〇年ちかく越えてありました。

不肖の娘で、親を失望させることばかりでしたが、逆いつつも気性などは一番受けついているように思います。

台湾、台北は、遠くて近い。近くて遠い、言うことをゆるして貰えるなら私たちの第二のふるさとです。

住んでいる皆さんが一番住みよいところでありますようにと切に祈っております。

FORMOSA 台湾に平安を。

八月三十日 私信　相沢やす子

張先生

白内障の手術後経過思わしくなく
一層の悪筆およみづらかったこと
ごかんべん下さい。

附錄二

塩澤 亮先生次女
木村淳子

＊＊＊

回憶我的臺灣時代

昭和六年（一九三一年）十二月出生的我，翌年，與雙親、兄姊們移居臺北。父親任臺北師範學校教師，居住於臺北市內的公家宿舍。宿舍搬了幾個地方，南門町↓龍口町↓南門町↓文武町。記得都是在臺北市內的中央部位。

我就讀於附屬小學，幾乎每天都跟宿舍的朋友玩在一起，好像很少跟臺灣當地人接觸。

但有一位叫「阿秀」的臺灣人來幫宿舍區各家庭洗衣服。還有一位接送師範學校校長的人力車夫，有空就在校長家的庭院整理花園。

無論阿秀或車夫，都是默默地認真地工作著。那背影現在還深深烙在腦海裡，令人懷念。用竹片編成的三角形斗笠，經常戴在頭上，和一般布帽不一樣，看來通風涼爽的樣子。

阿秀有一對大眼睛，棕色皮膚，是個大美人。母親待她很好，她也把朋友帶來我家玩。她用細細的絹絲，雙手靈活地在母親臉上一來一往地拉，把汗毛拔除掉。來我家玩的臺灣人當中，有一個人長了六根指頭，令小孩子們大為吃驚。

台灣時代を思い出して

昭和大年十二月生まれの私が、翌年両親、姉、兄と共に台北に参りました。

父が台北師範の教師だったため、住まいは台北市内の官舎でした。

当時の地名では、南門町↓竜口町↓南門町↓文武町と転居しました。台北市内のほぼ中央部だった記憶しております。

小学校は附属小学校。殆んど官舎内の友達と遊ぶ毎日で、今思うと台湾の現地の人と接することは少なかったように思います。

でも「アショウ」と言う台湾人が洗たくの手伝いに官舎をまわっていました。又、師範の校長宅に校長先生を送り迎えする人力車（今の自家用車のようなもの）の車夫が駐していて、その人が校長宅の庭の花壇の手入れもしていました。

「アショウ」にしても、車夫にしても黙々とまじめに働いている姿が印象的で、今でもなつかしく思い出されます。三角形をした竹の皮で作ったような帽子をいつもかぶっていましたね。帽子のように頭に直接くっつかないので涼しかったと思います。

「アショウ」は、目が大きく肌が小麦色の大へん美人でした。母が彼女をとても大事にしていたので、彼女の友達も連れて来たりしました。絹の細い糸のようなものを器用に動かして母の顔のうぶ毛をそってくれたりしたものでした。遊びに来てくれた台湾人の中に、手の指や足の指が六本あるのを見つけて

臺北市區都鋪了柏油路，感覺非常漂亮的城市。

文武町的宿舍前面，是三線道路（中央車道的兩側是綠地，其外側是人行道），寧靜的街道。

南門町宿舍前面有一條寬敞的柏油路，兩側有小孩身高的深水溝，一下雨，路面的雨水就流入水溝，覺得路面隨時都很乾淨清爽。

我現在住在仙台，與臺北不同，有春夏秋冬四季的樂趣。但一到六月的梅雨季節，就連續一個月左右下著霪雨，濕氣重又悶熱。這時就會特別懷念臺北清爽的氣候風土。

宿舍的迴廊很高（為了通風良好），我們為了避熱，常在迴廊下面玩躲迷藏等遊戲。

住在文武町宿舍的時候，第一次安裝了電話。把轉盤撥了四位數，就可直接和對方通話。戰後復員仙台時，仙台市還在使用舊式電話（經由電話局轉接才能通話），因此這也成了我向友人炫耀的臺北「得意話」之一。

戰爭時，我和弟弟被寄養在郊外松山的叔父家裡。

戰爭結束後，臺北的生活驟然一變，被當地人指指點點，說什麼「si-kha」「si-kha」（譯按：四腳仔）的，覺得很落寞。

子ども心にびっくりしたこともあります。

台北町は、アスファルト舗装がきちんとなされていて、きれいな町と言う印象があります。

文武町の家の前は三線道路（中央の車道の両側に緑地帯、その外側が歩道）で、静かな街でした。

南門町の家の前は、道巾の広いアスファルト道路で、両側には子どもが立って歩ける位深い側溝があって、降った雨が両側の側溝に流れこみ、アスファルト道路がカラリと乾いて、すがすがしい気持ちになったのをおぼえています。

私の今、住んでいる仙台は、台北とちがって春、夏、秋、冬の四季を楽しめるところです。でも、六月ころ「梅雨」があって、約一ケ月近くジメジメした雨が降り続くのです。湿度が高く、やり切れないむし暑さを感じます。そんな時、台北のカラリとした気候風土がなつかしくなるのです。

官舎の家は、縁の下が高い（風通しが良いように）ので、暑さを避けて縁の下でよくかくれんぼ等をして遊んだものでした。

文武町の家にいる時、初めて電話がつきました。四桁のダイヤルをまわすと直接相手の人と話ができるダイヤル式でした。仙台に引き揚げて来たとき、仙台はまだ共電式（中間に交換手が入る）でしたので、友達に台北の自慢話のひとつにしたものでした。

戦争になり、私も弟と郊外の松山の叔父の家に移り住みました。

戦争終了後は台北での生活とは一変しました。

現地に人から「シーカウ」「シーカウ」とうしろ指をさされ、さびしい思いをしたことを思い出します。

引き揚げ船に乗る時、一人一人身体検査

を受けた時のみじめな思いが情けなく、その時の両親の気持ちを思うとやり切れなくなりました。

張先生へ

今回、父親の絵巻物を取り上げていただいたおかけで、忘れかてていた、うすれかけていた台北時代を思い出す機会にめぐまれ大へん感謝しております。ありがとうございました。

幼ない頃のことで拙ないものになってしまいましたが、お許し下さい。

在搭乘復員船要歸國時，每個人都接受身體檢查。那時受到的屈辱，更想到那時雙親的心情，便覺悲從中來。

張先生：

這回承蒙您把父親的繪卷重刊，給我再一次的回憶已漸淡忘的臺北時代的機會，令我喜悅又感激。

幼年時代的往事，不成文章，請原諒。

附錄三

塩澤 亮先生次子
塩澤 襄

＊＊＊

回憶臺灣　思念雙冬

我生於臺北市，在臺灣讀到小學二年級。因此，對臺灣有種種的記憶，尤其「雙冬」的村莊是我「心靈故鄉」的特殊土地。

我在大學專攻中國史，當了高中的教師，這一切都與「雙冬」有關連。雖曲曲折折但也有始有終盡了教職，這也是托雙冬之福也說不定。

一九四五年七月，父親突被解除軍役，赴任疏散於雙冬的臺北師範學校女子部。目的是為了改善瘧疾猖獗而死了四名學生的環境。分散五處的我們一家人也一同來到雙冬生活。

雙冬在山中，對小孩子來講是相當有魅力的地方。而父親所帶領的學校生活也甚有趣。全用竹子建造的高地板家屋，教師與學生共同耕種邊學習的生活；必需品由大家動手一齊做，黃昏時一齊燒薰草熏蚊子……那麼不可思議而有魅力的世界。在這裡沒有空襲警報，整天跟在父親後面東張西望。

終戰之日（一九四五年八月十五日），把日本戰敗的消息告知學生時，聽說父親在學生面前哭號起來。我只記得父親哭號必有嚴重事態的覺悟。從此以後，

台湾の思い出シャンタン（雙冬）。

私は台湾の台北市で生まれ、小学二年まで育ちました。それ故台湾には色々思い出もありますが、なかでも「雙冬」の村は私の「心のふるさと」とも言える特別の土地であります。

私が大学で中国史を学んだのも、高校の教師になったのも、みんな「雙冬」につながっています。まがりなりにも教師の職を全うすることが出来たのも雙冬のお蔭かもしれません。

一九四五年七月、父は突然軍隊を解除され、台北師範学校女子生徒が学校疎開している雙冬に赴任しました。マラリヤ病患者が多発して四名の死亡者まで出ているのを改善するためでした。五か所に離散していた私の家族も雙冬で暮らせることになりました。

雙冬ほかなりの山奥にあり、子供であった私には魅力的な土地でした。また、そこで行われていた父の率いる学校疎開も珍しいものでした。竹だけで出来た高床式の家屋に住み、教師と生徒が一緒に耕しながら学ぶような生活。必要なものはみんなで作ったり、夕方になると一斉に蚊いぶしを焚いたり—不思議な魅力のある世界でもありました。ここでは空襲警報のサイレンもなく、父の後を追いかけ見て回っていました。

終戦の日（一九四五年八月十五日）、日本の敗戦を生徒に知らせる時、生徒の前で父

日本人經歷了未曾經歷過的國家崩潰之後的無力感與無法壓抑的不安感。

而且報復的謠言滿天飛，日本人即將受襲擊的恐怖感常懷在心。負責二百五十多名女生安危的父親之立場，如今想來也感悲切。

雖然在這緊張的情況下，但雙冬的生活依然不變，我也過著快樂的日子。

上山採薇草等藥草，與附近的駐軍去捉魚，阿兵哥用報廢的手榴彈或地雷拋進激流中，捕到名叫老鰻的大魚。或到野外上課或分組活動，生趣活潑。教師們努力的結果，在窮困的環境中，學生們得到鍛練，才使學校生活過得更豐富。日後當了高中教師的我，深感雙冬的生活是教育的原點。

一九四五年十二月，雙冬校園結束了。父親發給全體學生（包括一年級）畢業證書。

我們一家人留到最後，送走了學生。想到父親離開雙冬的心情，必定感慨無比。告別空無一人的校舍，從貨運卡車上看九十九峰與烏溪的景色，畢生難忘。

離開雙冬之後，我們一家移住新營，經過許多困難，於一九四六年三月回到父親的故鄉仙台。父母親的辛勞難以言喻，但家族的親情卻因而更加緊密。

生於臺灣的我回到祖國日本，所見所聞皆悲慘。幾乎所有的都市都化為焦土，物資缺乏，人人的心情皆慌亂。

が号泣したと聞きました。父が号泣したということで私は事態の深刻さを悟ったように覚えています。この時以後、今までの日本人が経験したことのない、国家崩壊したことの無力感や抑えようの無い不安感を経験することになりました。

その上、不隠なデマ飛びかい、すぐにも日本人が襲撃されるような恐怖感を持ちました。二五〇余名の女子学生を抱えての父の立場を思うと、今でも切なく悲しくなります。

そうした緊張した状況の下でも雙冬の生活は変わらず、私には楽しいものでした。

ドクダミなどの薬草を採りに登山が行われたり（日本で何処にでも生えているドクダミ草を採るのに大変苦労した）、近くに駐屯していた兵士たちに同行して、不用になった手榴弾や地雷を激流に投げ込んで魚を捕ったりしました（ローマ?という大魚が捕れた）。あるいは野外授業やグループ毎の活動も活発に行われていました。教師たちの努力の成果と思いますが、制約された環境の中で生徒は鍛えられ、より豊かな学校生活が営まれていたように思えます。のち高校教師になった私には、雙冬の生活が教育の原点の様に感じていました。

一九四五年十二月、学校疎開は終了しました。父は全員の生徒（一年生にも）に卒業証書を渡しました。

私たち家族は最後まで残って生徒を見送りました。雙冬を離れる時の父の気を考えると感慨無量のものがあります。「無人になった校舍」に別れを告げる時と、トラックの荷台の上から見た「九十九峰と烏渓」の景色は忘れられないものです。

雙冬を離れた私たち家族は新営に移住し、幾多の困難を経て一九四五年三月、父の故郷・仙台に帰国しました。父や母の苦労は語

在仙台落腳之後，我們又飢又苦，每天過著地獄般的生活。這時，我們才察覺到臺灣的富裕與人情之濃厚。愈來愈懷念臺灣，愈來愈眷戀雙冬。

父親於歸國之後不久，重新出發當了高中校長。在未就職的不安定生活中，默默地用文與圖記錄了在雙冬時的生活。文章艱澀難讀，但圖畫卻甚清晰。驚人的記憶力與描繪力，令我愈看愈憧憬雙冬。

其後，日本急速復興而富裕起來，許多門生訪問臺灣，傳來臺灣的發展與面貌，很多人勸父親到臺灣一遊，但父親一次也沒去。父親不想再訪臺灣的理由似乎成了可理解又不可理解之謎。

與父親一起生活的我，也因父親不再訪臺而使我難以成行。

二〇〇五年三月，突然受到臺北師範女子部同學會的邀請，終於重遊了相隔六十年的夢中的雙冬。一幕幕的記憶猛烈快速地復甦，驚訝萬分。眼前浮現了雙冬時代戴著戰帽而不修邊幅的父親之姿影。啊，雙冬畢竟是我的故鄉！

り尽くせないものかありますが、家族の絆はつよくなりました。

台湾生まれの私が経験する祖国日本は悲惨なものでした。ほとんどの都市が焼土と化し物資は欠乏し、人々の気持ちは荒んでいました。

仙台に落ち着いた私たちも飢えに苦しむ、どん底の生活が続きました。

日本に帰って初めて台湾の豊かさや台湾の人々の人情の厚さに気が付きました。日増しに台湾がなつかしく、雙冬が恋しく思えました。

帰国した父はまもなく高校の校長として再出発しますが、まだ職も定まらぬ不安定な生活の下で黙々と雙冬以来の記録を絵と文で書き残しました。文章は難しく読めませんでしたが絵は判やました。驚くような記憶力と描写力であり、私の雙冬への憧れは益々強くなりました。

その後、日本は急速に復興し豊かになりました。多くの教え子が台湾を訪れ、台湾の発展と変貌を伝えてくれました。多くの人が台湾訪問を勧めるなかで父は一度も台湾を訪れませんでした。父が台湾を訪れないのは判るようで判らない謎でした。

父と一緒に暮らしていた私は父の訪問しない台湾はなんとなく行きずらい場所になっていました。

二〇〇五年三月、思いがけなく台北師範女子部の同窓会の方々のお誘いを受け、六〇年振りに憧れの雙冬を訪問出来ました。猛烈な速さで記憶が蘇ることにも驚きました。雙冬時代の不精髭をはやして戦闘帽を被った父の姿が思い出されて、雙冬はやはり私の故郷だと思いました。

附錄四

雙冬疏散學園 學生
李英妹

＊＊＊

雙冬疏散學園的回憶

日本的臺北師範《芳蘭》會誌主編喜久四部先生來信說：「真理大學臺灣文學資料館的張良澤先生有塩澤亮先生的繪卷影印本，請務必前往一會。」我便和張先生聯絡，遂有機會參觀文學館。看到張先生辛苦熱心整理出來的臺灣文學資料，令人感動。

張先生聽說我也是去雙冬疏散學園讀書的一人，便叫我寫一篇回憶錄。

回顧我們的學生時代，都是在戰爭中度過的。然而那種種經驗與概念，能夠平安無事地活過八十歲，實感謝上蒼。

小學時，支那事件爆發，寫慰問信、做慰問袋，還站在街頭請人縫成祝福的「千人針」，真誠地寄給前線的老師與士兵，大家勤勞節儉，固守後方。

考進女學校時，恰逢第二次世界大戰開始。挖防空壕、軍事訓練，還會識別敵機的種類；一方面還用功讀書，毫不懈怠。將近畢業那年，某日黃昏，軍方通知將有敵機來襲，便用軍車把我們疏散到郊外。在那裡我們拼命從河床搬運石頭，冒暑割草，築了號稱東洋第一的新竹機場；但不見一架飛機起飛迎戰敵機，新機場就被敵機炸毀。眼看殘敗景

雙冬疎開學園の思い出

日本の台北師範芳蘭を編集して居られる、喜久四郎先生よりお便りを頂き、「真理大学台湾文学資料館長の張良澤先生の所に、雙冬疎開学園塩澤先生の絵巻物記録がありますので是非一度訪ねてお話しして下さい」、との事で張先生と連絡しまして、絵巻物の事をお話し合いましま一又其の時に張先生の御苦労と熱心の賜物の素晴らしい文学館を拝見させて頂き台湾文学に対する一途な御気持に感動させられました。

私も疎開学園に行った一人なので、回憶録を書いて下さいと云はれました。

省り見ますと、私達の時代の人は、学生時代を戦争の中で過ごして来ました。でも此の色々な経験と概念が、八十才迄の人生を無事に越して来たのだと感謝して居ります。

小学生の時に支那事件が起り、慰問文、慰問袋、そして町角に立って千人針を造って、前線に行った先生方や兵隊さんに真心を送り、一切を倹約して銃後を守り堅めて居りました。

女学校に入り、第二次世界大戦が始まり、防空壕堀りから軍事訓練、敵機の種類まで覚えさせられましたが、授業にも精を出して頑張りました。卒業間近かに、学寮生で有つた私達は、或る夕方、軍から敵の攻撃がある通知を受けて、迅速に軍車に乗せられて郊外の山の上に疎開させられ、そこから、私達が一生懸命に川から玉石を運び、暑い中を草刈り

象，吞下辛酸淚，唱著「海葬行」（譯按：日本海軍儀式歌）而畢業。接著，考上臺北女子師範專門學校，憧憬著未來當老師，滿心歡喜。

　但是戰爭愈來愈激烈，不知敵軍要登陸臺灣還是沖繩，人心緊張慌慌。我們一邊跑警報，一邊努力剝雲母石與上課。大家都抱著必勝的信念。

　因為女子部宿舍遭到機鎗掃射，我們一、二年級中的二十人被分配到森田部長的管轄下，搬進沒有任何設備的一間教室去生活，無論洗臉、洗頭髮、洗身體，都甚不便。

　因為經常進出防空壕，常被蚊子咬，結果我感染了瘧疾，上級生帶我去醫院也有危險，因而父親就來把我帶回鄉下。

　其前夜，遭遇八次的空襲。父親好奇地觀望探照燈交集下的空中交戰，而忘了躲進防空壕。

　這時，學校已積極準備疏散於臺中州的雙冬。六月初，全體學生抵達雙冬國民學校。其前夜，臺北遭受大空襲，學校及重要建築物設施皆被炸毀，慘不忍睹。

　我回家養病不久，接到江崎先生來信說：「疏散學校已安定下來了，若身體狀況良好，則希返校，途中可請軍車載妳。」我即整理行李出發。

　沒有汽車的時代，請駐紮本地的軍指揮官讓我搭便車到新竹，而且由石原同學和她的叔母帶我到臺中。在臺中車站

した新らしく出来た東洋一だと云う新竹飛行場が、一機の飛行機も應戦に出ないまま、無残に破壊されて行くのを目の前に見て、悔し涙を流した思いを胸にして、「海ゆかば」だけを唱って卒業した私は、台北女子師範専門学校に入り、憧がれの先生に或る喜びに満ちて居りました。

　でも其の頃は戦争も激しく成り、敵軍は台湾上陸か、沖縄上陸かと皆の心を緊張させて居り、警報の合間々々に雲母剥ぎと授業に勤しんで居りました。そして必らず勝つとの信念を持って居りました。

　戦争が益々激しく成り、女子部学寮が機鎗掃射に遭ってから、私達一、二年生の中から二十名が森田部長の直属として何にも設備の無い教室の一部屋で生活する事に成りました。顔洗いから髪洗い、お風呂ととても不便でした。

　防空壕の出入りも数多くなり、蚊に咬まれる事が度々で、私はマラリヤに罹り、上級生に連れられての病院通いも危いので、父に連れられて田舎に帰る事に成りました。

　その前夜は八回の空襲に遭い、父がサーチライトの交り合う中の空中戦を珍しく見て居て壕に入るのを忘れて居ました。

　学校は其の頃台中の雙冬に疎開する下準備を着々進めて居り、六月初に全員が雙冬國民学校に到着しましたが、其の前夜台北は大空襲を受け、学校や重要建築や施設が破壊されて、目も当てらてない状態だったとの事でした。

　家に帰り暫くしてから、江崎先生より「疎開先きも落着いたので体調が良ければ来る様に、そして途中で軍隊の車に乗せて貰う様に」とのお葉書を頂きましたので、すぐ荷物を整えて出発しました。

　車の無い時なので、新竹迄此処に駐在し

道別後，我便開始生平第一次的單獨旅行。背上行囊，邊看地圖邊走向不知名的地方。

為了讓女兒一個人前往陌生的地方，父母親做了食物、生活用具，還特別做了真棉的被子，全部塞進背囊。最後把百圓大鈔放進紅色錢包，說非到萬不得已時不要動用。如今，自己已為人母，想到當時父母的用心，不禁低頭淚下。同時也感到那時代的人既重視教育，又信賴國家與軍隊，其堅定心志令人折服。

個人埋頭疾步，走到有點怕怕時，正好來了一輛滿載軍人的軍車，我舉手叫停，說明理由之後，就讓我坐在前座。

黃昏，好不容易抵達南投，投宿在鄉長家，一夜和鄉長女兒聊個沒完沒了。現在年紀大了，已記不清楚為什麼從臺中到南投，再從南投到草屯，再從草屯到雙冬，前後要費三天兩夜呢？

翌晨，鄉長家人做了飯團給我，又搭軍車往草屯。內向的我，又是第一次單獨外出，要叫車子停下來，對我而言是需要莫大的勇氣。車子抵達草屯時，已是黃昏，我混在軍人之中走進營區，廣場上軍人準備要開飯。我又跟當地人的女兒睡在牛舍的隔壁。兩人怕牛會闖進來，就當木棒似地支撐著門扉，笑得東倒西歪。

夜晚，廣場傳來笛子、洞簫等歌聲，可感受到遠離家鄉的士兵們的心情。

翌晨，又搭上昨天的軍車。我把帶在

ていた指揮官の車に同乗させて貰い、新竹から台中迄は同学の石原さんとその叔母さんに連れられて駅で別れて、私は初めての一人旅をしました。リュックを背にして、知らない土地を地図を頼りに歩きました。

娘一人を行った事のない所に旅立たせる父母は、自分で加工した食品と生活用具、そして特別に造らせた真綿の布団をリュックに詰め、これだけは使わないで、いざと云う時に残す様にと、紅い財布に入れて呉れた百元札、今自分が人の母となって今更の様に、其の時の父母の気持と心遣いに頭が下り涙が出ます。そして勉強（教育）を重んじ國家と軍隊を信じた時代の心の強さを感じさせます。

一人でせっせと歩き心細く成った時に、兵隊さんを満載した車が来ましたので手を挙げて止め、理由を云いますとすぐ前席に乗せて下さいました。

夕方にやっと南投に着き郷長さんのお宅に泊めて貰い、そこの娘さんと遅く喋って居たのでした。この年令に成って記憶から遠のいたのか、どうして台中から南投、南投から草屯、草屯から雙冬迄三日二晩掛かったのか、忘れてしまいました。

翌朝、おにぎりを作って戴いて草屯に行く軍用車を求めて又歩きました。割と内気で、それに初めての一人旅なので車を止めると云う事は私にとって、とても勇気の要る事でした。車が草屯に着いた時は、もう夕方でした。そこに駐在して居た軍隊に混じり、広場では兵隊さん達が食事の用意をしたりして居りました。私は又そこの娘さんと二人で牛小屋の近くの部屋に泊り、牛が入って来ないように入口を二人で突き支え棒をして笑いこけたものでした。

広場では笛、尺八等歌声が聞えて、家を離れて軍隊に居る兵隊さんの気持が伝わって

身上當護身符的小娃娃送給軍人，他很高興。

抵達雙冬學園時，老師們及同學們齊聲歡迎我、鼓勵我，我開始了雙冬的生活。

運動場的對面有一排教室，教室左側的小丘上，有稻草蓋頂的大房子。地板與牆壁都用竹子編的，這裡就是我們的寢室。走在地板上會發出小聲音且有彈性。我因在女子學校四年間都住校，進師範學校也住過宿舍，所以我很自然地一下子就跟大家打成一片。

教室裡因感染瘧疾而呻吟的同學並列著，似乎無人看護，我即刻加入看護小組，從學校外面的埤圳提水來，把毛巾打濕，覆在病人發燒的臉上與頭上；把發抖的身體摟抱在自己的懷裡用力壓住發抖。熱退了之後，擦拭全身的汗水，讓她清爽舒適。那時，無力地綻放笑容的臉，迄今難忘。沒有藥品，只把堅硬的大塊葡萄糖切成一小塊一小塊，讓病人含在嘴裡以維持體力。因為我也罹患過瘧疾，所以知道其痛苦，並照母親的做法去做，頗為有效。

熱度一時退下的人，就來看護正在發高燒的人；哪個人熱退之後，又來照顧另一個人。不久後，我又發燒了，全體學生不斷地反覆這樣的生活。

有三位同學因瘧疾而去世，大家無言地悲傷，但皆抱著絕不認輸的堅強信念而活下去。

来る様でした。朝になり昨日の車に乗せて貰い、手元にあったお守りのお人形をお礼に渡しますと、とても喜んで下さいました。

雙冬の学園に着いた時は、先生方やお友達から「良く来ましたね、頑張りましょう」との励ましの言葉に迎えられて雙冬の生活が始まりました。

運動場の正面に教室が並んで居り、教室の左側の外の少し小高い所に藁葺きの大きな家が建って居りました。床と壁は竹で出来て居り其処が私達の寝室でした。床は歩くと小さな音をたてて跳ね返えって来る様な感じでした。当時の私は女学校四年間寄宿生活をして、師範でも学寮生活でしたので何にも考えないまま、自然にその中に溶け込んでしまいました。

教室にはマラリヤで唸って居るお友達がずらっと並んで居り、看護する人も殆ど無い有様でした。私もすぐ看護の仲間に入り、学校の横にある埤洲から汲んで来た川水で、タオルを濡らして熱で喘ぐお友達の顔と頭を冷し、震えるお友達の体を自分の体で圧える様にして抱きしめ、震えを止め様としたりしました。熱が下った後に出た全身の汗を丁寧に拭き取り気持良くさせたりしました。その時力なくニコッと笑ったお友達の顔が今でも忘れられません。お薬が無いので、白く大きな葡萄糖の堅い塊を小さく割って口に含ませて体力を維持させ、少しでも苦しみを和らげさせたりしました。自分がマラリヤの経験者なので其の苦しみが良く分かり、母がして呉れた体験を思い出してしましたので看護に役立った様でした。

熱の苦しみから一時逃れた人が、熱で唸って居る人を看護し、その人が熱の取れた時は又他の人を看護して居りました。私も暫くして又発熱しました。全員がそんな生活を繰

每天去後山拾柴、種菜，用大水桶施人畜糞便。那時校長的女兒也來當我們的老師，上級生笑她說：「勅任官的女兒也幹這活兒。」那句傷人的話，令我難忘。

不知幾時，全體學生都長了頭虱，癢得受不了。於是全體學生頭上都擦了藥，用毛巾包起來，而後用河水洗淨。如此擦了兩三回，頭虱的騷擾才暫時平息。

塩澤老師來雙冬後，看到這裡的生活環境，大為憂心。便與正在苦鬥的老師們商議對策。首先從環境的清潔著手，並充實師範教育的內容。老師們很珍惜時間，無論在樹下或運動場都有人上課，臨機應變，隨時隨地都在教我們讀書。

因為食物不足，成長期的我們常覺肚子餓，有時就派代表編個理由，到街上買些零食，藏在衣服或雨衣下面，偷偷帶回來，大家分著吃，其樂無比。本地有很多野紫蘇，把果子摘來醃幾天，特別好吃。輪到伙食值日時，炊事阿伯就把鍋巴捏成飯團送我，我和同學邊嚼邊想念故鄉，但絕不掉眼淚。

全體一心，在靜寂的山中抱著希望與緊張，默默地戰鬥，誓必獲得最後勝利。

不料有一天，聽到收音機播放天皇玉音，得知敗戰的消息，悔恨之餘，上自塩澤老師，下至全體學生都大聲哭號起來。因為我們臺灣人和日本人一起生活，不覺有什麼差別，所以對敗戰的感受也一樣悲戚。

り返して居りました。

マラリヤで三人のお友達を亡くし、皆が無言の悲しみに浸って居りましたが、そんな中にも負けて成るものかと強い信念を抱いて、生き抜いたものでした。

裡山に薪取りに毎日行き、野菜を植えたりして自給自足の準備をし、或る時は人畜肥料を大きな柄杓でバケツに移して肥しを施こしました。其の頃校長先生の娘さんが私達の先生をして居り、そんな事をして居るのを見て上級生が「勅任官の娘さんが此な事をして居る」と痛ましく云った言葉が今でも忘れられません。

何時の間に宿ったのか全員が「虱」にかかり痒さに悩まされ、全校生の頭に薬が塗られて、タオルで巻いて消毒してから、川水で洗い清めました。二、三回も薬を塗ってやっと「虱」との戦いが終り一時の騒ぎが納まりました。

塩沢先生が雙冬にいらっしてから此の生活環境を見て大変心配されて、現に奮鬥なされて居られる先生方と、色々ご相談や計画をされて、先ず環境の整理から着手しました。それから師範教育にふさわしい教育内容を充実させました。先生方は、少しでも時間を大切にして、樹の下や、運動場でも授業されたり、臨機応変に、私達に教えを与えて下さいました。

当時は食物不足で、成長時の生徒はお腹一杯食べる事が出来ないので、時たま代表が用事に言付けて、町からテンプラ等を、服の中、雨具の中に隠して先生に見付からぬ様に少しづつ分け合って食たのも楽しい思い出です。此の地に澤山有った紫蘇の実を漬ける事を覚え、その美味しかった事。又炊事当番の時等、炊事のおじさんは、おこげ等が有ると、おにぎりにして、こっそり渡して呉れ

然後我們變成過去稱為敵國的國民，心中不安地回到被中國政府接收的學校。因為日本教育甚為徹底，所以終戰時的學生幾乎都無法完全講臺灣話。學校制度也不一樣，我們八個臺灣女生被編入全校都是男生的臺北師範，成為男女同校，開始學習基礎北京話。努力再努力，雖未成熟，但也成了教員。

其後的苦勞辛酸，歷經滄桑直到今日。回顧一生，就像一部長篇小說。

戰爭中，老師們努力教導我們、保護我們；大家團結一心為國家而犧牲自己，在嚴酷的環境下能夠和平生活。那段往事令人回味無窮。今後祈願為了子孫，打造沒有戰爭、互助合作、安居樂業的國家。

て、それをお友達と齧じり乍ら故郷を偲びましたが、決して泣きませんでした。

全員が心を一つにして、山の中の静寂の中に緊張と希望を持って黙々と生き、戦いに勝ち抜く誓いが有りました。

突然の敗戦、ラジオを通じて「天皇陛下」の玉音を聞いた時の衝撃は、悔しさの余り、塩沢先生をはじめ全員大声で泣きました。日本人も台湾人も区別無く過ごして来たので終戦の感じは皆同じでした。

そして今迄敵だと云って居た國の人と成り、前途不安定のまま、中国政府に接収された学校に復学しました。日本教育の徹底で終戦当時の学生は殆んどが台湾語も完全に話せない状態でした。学校の制度も違うので、女生徒八名は、これも在校生全部を集めた男生徒に混って初めての男女共学をして、北京語を基礎から習い、色々の努力と失敗を重ねて、未熟乍らもやっと一人前の教員に成りました。

其の後の苦労、色々な経歴をえて現在迄の一生は小説そのものです。

戦争中でも学生を大切に守って呉れた先生方、皆が一心に成って國の為と自分を捨てて、厳しい中にも平和に暮して来た昔がなつかしく成ります。子孫の為に、戦争の無い、お互いに信じ合い、助け合って住みやすい國を造って行きたいと思いま。

昭和二十年（一九四五）十一月攝於雙冬學園，後排中為李英妹女士。

昭和二十年十一月攝於雙冬學園，後排右四為李英妹女士。

昭和二十年十一月攝於雙冬學園，前排右二李英妹女士。

（一年二班，李英妹女士提供）

【臺灣版發行序】

此次家父手繪的繪卷要在臺灣出版，意想不到的消息，令人又驚喜又感激。父親的繪卷是他個人的紀錄，同時也是家族的紀錄。這種屬於私人性質的紀錄，經過很多人而傳到臺灣，實屬不可思議的因緣。對國史館臺灣文獻館及臺灣各界人士的寬厚溫情，謹致深深感謝。

【台灣版発行に寄せて】

この度、父の書いた絵巻物が思いがけなく出版されることになり、驚くとともに大変ありがたく思っております。

父の書いた絵巻物は個人の記録として書き残したものであり、半面は家族の記録でもあります。

そのプライベートな記録が多くの人を経て台湾まで伝わったことに不思議な因縁のようなものを感じます。国史館台湾文献館をはじめ台湾の皆様の寛大な温情に深く感謝申し上げます。

塩澤　襄

後記

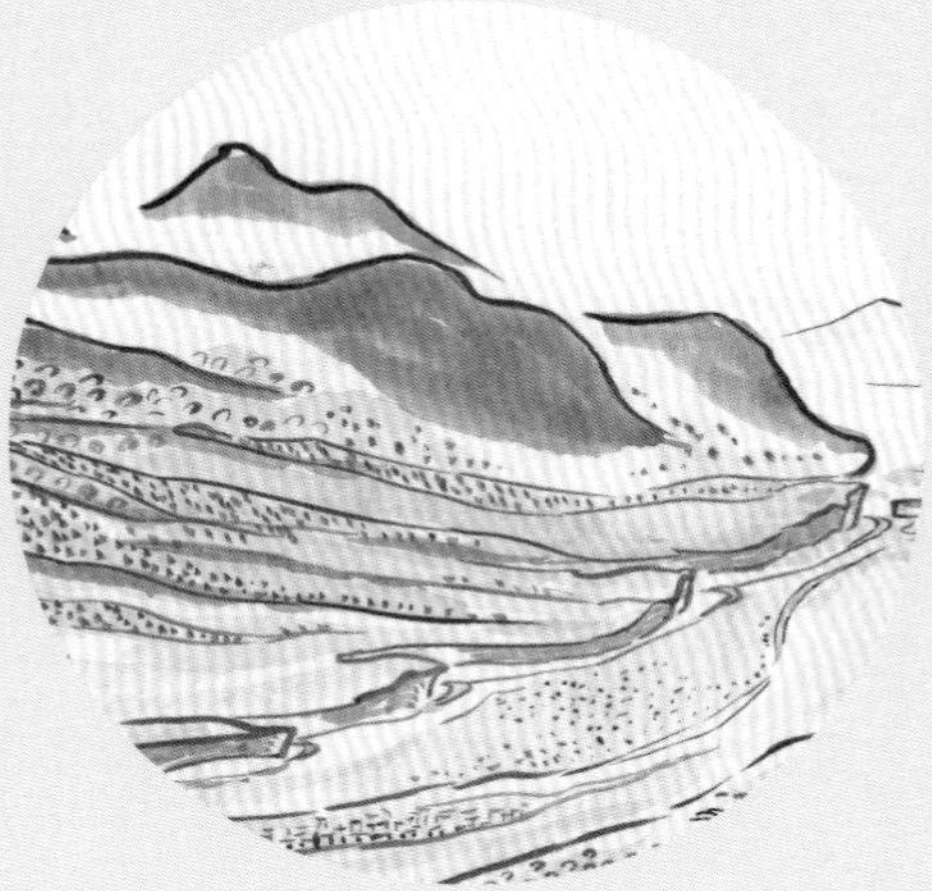

【譯者後記】

——繪卷追尋記

張良澤

大約在二〇〇二年左右，舊臺北師範同學會「芳蘭會」的會報《芳蘭》的主編喜久四郎先生贈我一套該會報。我逐期翻閱，赫然發現有一期刊載了令人好奇的圖片——戰爭中，一群女生避難到南投雙冬山中的生活寫照。我便決心要看看這幅繪卷的全貌。

喜久先生告訴我這幅繪卷相當長，他只轉載了一小段而已；至於全幅真貌他也沒看過。他答應要幫我找到原作者的下落。

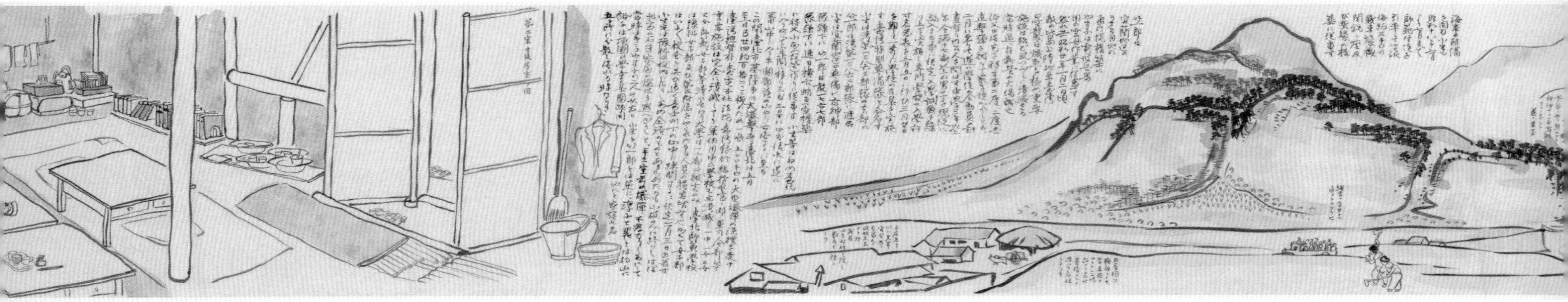

未幾，喜久先生來信說：原作者塩澤亮先生早已去世，其哲嗣塩澤襄先生現住於宮城縣某郡，要我直接去信聯絡。

於是我照地址寄了一封信，說明我數十年來都在蒐集臺灣文獻，而今發現令尊手畫的生動速寫，不但是臺灣美術史上的珍貴作品，且是戰爭中臺灣教育的珍貴紀錄，希望能讓我看一眼真品，於願足矣。可是信寄出之後，既未退回，也無回音。我再打電話，也無人接聽。心想可能老人家身體不適，也許住院去了，或者搬家了也說不定。

此事就在我忙碌的日子裡暫時被擱置下來了。

直到二〇〇五年春，我開始準備離開已住了三十年的日本而打算老死於臺灣的時候，便想起尚未達成的願望。於是再請喜久先生打聽那位撰文介紹繪卷的作者。果然查到那繪卷現藏於盛岡市的「活力牧場」，喜出望外！即刻與喜久先生約好前往探寶。

三月六日——距離我歸國只剩一個月——連同高坂女士三人同乘新幹線北上，抵盛岡市後，活力牧場已派車來接我們。

山中還有積雪，牧場的理事長白澤國雄先生、幹事長岩根多喜男先生及中野幹子女士皆親切招呼我們。

原來這座牧場是收養智障者的福利機構，在教室的樓上設有小小的圖書室。寒暄過後，我就急著要看寶藏。中野女士便開鎖，從櫥櫃裡取出寬約三十公分的一大卷繪卷。我套上白手套，小心翼翼地攤開來，一看，差點沒叫出來，原來這是複製品！不過，既來之則安之，還是仔細欣賞一下。問這卷複製品的緣由，始知大略如下：

一九七六年，恰值塩澤先生返日三十週年。其門生弟子山中貞則、宇野芳、莊樹春等二十四人，共同發起繪卷的複製印刷，一者紀念恩師的七十二歲華誕，二者供門生們懷念臺灣時代。因複製費昂貴（彩色印刷每卷日幣二萬七千圓。當時公務員月薪約一萬五千圓），限定三百卷，採取預約制。

當時有一位門生小口紀子女士預約了一卷，她也是當年疏散到雙冬學園的一位女生，所以特別珍愛這卷描繪她們戰時生活的寶物。可是年紀愈來愈大，覺得與其自己獨佔一輩子，還不如捐出來給大家共享。於是找到這家慈善機構——活力牧場（當時理事長馬場勝彥）便把它捐出來。所以我今天才能沾光，目睹全貌。

雖是三十年前的複製品，但印刷技術甚精巧，猜想可能很接近原作；而且原作不知尚存與否，而三百部的複製品如今可能尚存無幾。於是，我請求白澤理事長讓我再複製兩份，一

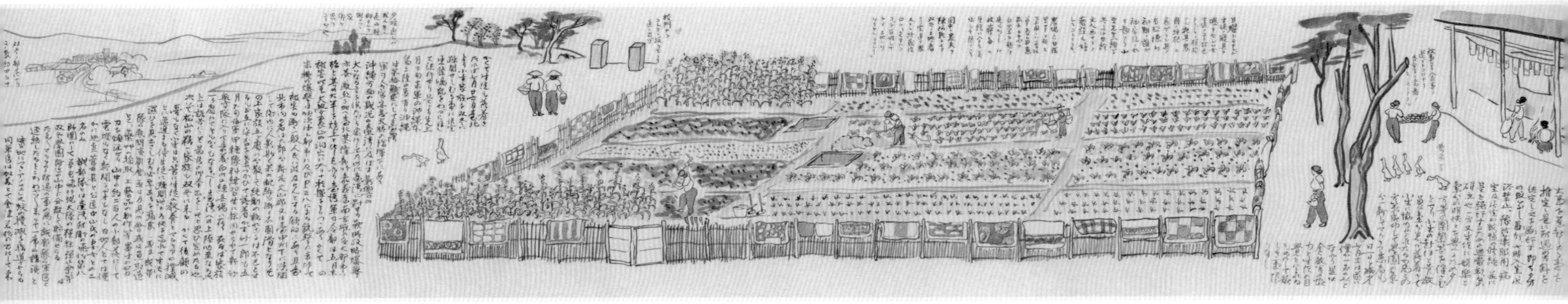

份捐給牧場，供大家使用（因原複製品鎖於櫥櫃，一般人看不到）；一份由我帶回臺灣，找機會公開給臺灣人看。理事長聽了我和喜久先生的懇求，便答應了，即叫印刷廠來估價，兩份合計日幣五萬四千六百圓。果然在我歸國前夕，銀貨兩訖，我高高興興地把這卷複製的複製作品帶回麻豆。

二〇〇五年四月返國後，我與臺灣文獻館合作的《埔里退城日誌》及《七腳川事件寫真帖》兩部書尚在進行當中。等到是年七月，《退城日誌》發表於埔里；今年（二〇〇六年）二月，《寫真帖》發表於花蓮吉安鄉，總算告一段落了。接著就想要積極進行這部繪卷的工程了。

文獻館長劉峰松兄看了這繪卷，嘖嘖稱善。我遂把這份複製品的複製品交給他研究出版的可能性，劉館長又交給他的得力部下陳美惠小姐負責。

陳小姐研究結果，決定要出版，但有兩個條件：一、必須取得原作品，且需由作者家屬簽署同意書；二、若仿製長卷，成本昂貴，只能改成書冊式，但原尺寸不變。

這一來，我又要跑一趟日本了。所幸在我返國之初，喜久先生替我聯絡了當年同赴雙冬學園求學的李英妹女士（現住高雄）；李女士特偕其長子來看我，並告訴我塩澤襄先生的正確地址與電話。於是，我終於直接搭上

線了。

塩澤襄先生很高興我要把他父親的作品發揚光大。於是，四月二十一日——返國一週年又二十日——我帶了鍾鐵民的么女舜文赴日，二十五日抵達日本三景之一的松島，採訪了尋蹤數年的故塩澤亮先生的哲嗣襄先生。

出乎我意料之外，襄先生比我年少，在高中教歷史，退休後，每天在松島群島之間划舟、釣魚，過著神仙生活。

他特地約了他的大姊秦子女士及二姊淳子女士來會。三姊裕子女士因家住東京，無法來會。襄先生是么弟，長兄竹一郎先生已過世。塩澤亮先生的夫人亦往生，子女就剩三女一男。

開門見山，今天來此的目的在於拜借真品。襄先生爽然答應，從櫥子裡拿出來，一看，整整六十週年的作品，裱背已有點駁落，宣紙也有點變黃。原以為塩澤亮先生是美術老師，其實是理科（東北帝大理學士）出身的，對文學造詣甚深（京都帝大文學士），所以在臺北師範教的是國文與數學。可是看他的水墨淡彩畫，實在令人讚嘆不已，其毛筆小字亦不愧為書法家。更難得的是憑記憶就能畫出一幕幕的實景，可見那段戰爭下帶領二百五十名女生在雙冬山中的日子，深深地烙印在他的腦海裡。他的繪畫天分不輸給專習美術的立石鐵臣先生。而這卷《雙冬繪卷》與立石先生

的《台灣畫冊》（一九九六年，由劉峰松先生任臺北縣文化中心主任時出版），是我發現的臺灣雙壁。

大姊泰子女士居住臺灣的時間最長，臺北第一高女的同學會迄今每年召開，所以對臺灣的近況甚為關心與瞭解。雖年紀已八十，但陶藝、音樂樣樣精，如今仍保持健美身材，可想見年輕時代之美貌。

二姊淳子女士，七十五歲，但養生有術，看來彷彿五十出頭而已。性情較內向，純屬慈母型的家庭主婦。

我雖未見過他們的父母親，但從言談間，彷彿大姊承繼了父親的才華，而二姊則承繼了母親的性情。至於老么的裵先生，則從小被父母兄姊寵愛慣了，看來樂天知命而不拘小節，所以幾年前他已收到了我的信及傳真，如今我提起時，他才恍然大悟。

既然繪卷已借到了，下一個要求便是請每個人寫一篇臺灣時代的回憶。他們婉拒，經我再三懇求，才勉強答應試試看。我說不僅把作品複製而已，還要記錄他們的家族史，為臺、日文化交流留下見證。

歡談至過午，裵先生招待我們去山崗上的餐廳，邊吃邊賞美景。細雨濛濛中，腳下的櫻花盛開，櫻花像一片彩霞；彩霞外邊是碧海，碧海上的小島數不清，盡在煙雨濛朧中。專攻日本畫的舜文小妹樂得無心吃飯，跑出

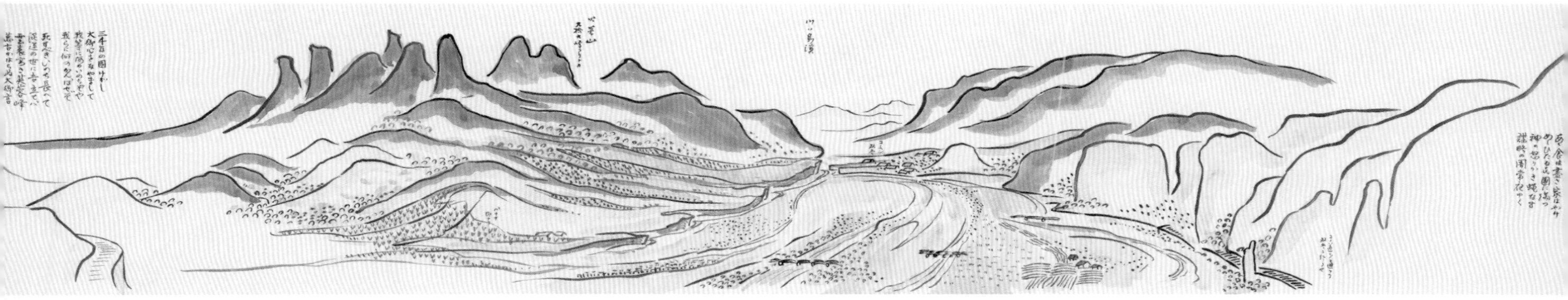

庭園四處拍照，大概準備日後畫一幅人間仙境的大作品吧。

此行滿載而歸。

歸來後，文獻館的陳美惠小姐就緊催工作了。先是內文的翻譯，譯完之後還加註解。有些艱深的文句或看不清的字跡，我還要寫信去請教襄先生。

一方面請劉峰松館長延長半年的退休期限，好讓我做到盡善盡美。一則表示此書是他任內的最後成果，再者用來紀念他的光榮退休。不料，劉兄不願增加上級機關國史館（張炎憲前館長）的困擾，宣告如期退休。

二〇〇六年七月十七日，劉峰松館長退休日，各地文史工作者皆來惜別歡送；而我的工作尚在校對階段，所幸陳美惠小姐做事有魄力，把我借回來的真品（繪卷）請高檔的印刷公司複製了兩卷與原作一模一樣的繪卷（由臺灣文獻館典藏），而且用最好的紙張，可保存百年以上。所以當原作壽命盡了時，此複製品可再活一兩百年吧。

在大會場的會客廳，陳列了劉館長在任期四年半中所出版的九十九種文獻，而此繪卷的複製品展示在中央的長桌上，來賓無不嘆為觀止。

劉館長有交代：謝嘉梁新任館長一定負責完成出版事宜，且按計畫邀請

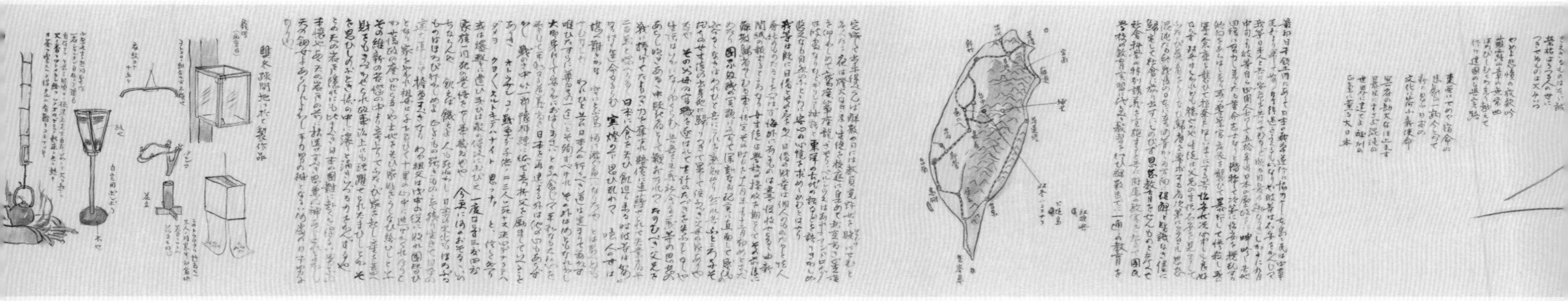

作者家人來臺參加出版酒會，叫我放手去做。

最後總算完成使命。感謝臺灣文獻館出錢出力，感謝喜久四部先生及李英妹女士的牽針引線，更感謝塩澤亮先生留下文化遺產而其子女惠允出版。

二〇〇六年十月二十七日
誌於真理大學臺灣文學資料館

附記：原作高二十一公分，長十四．二七公尺

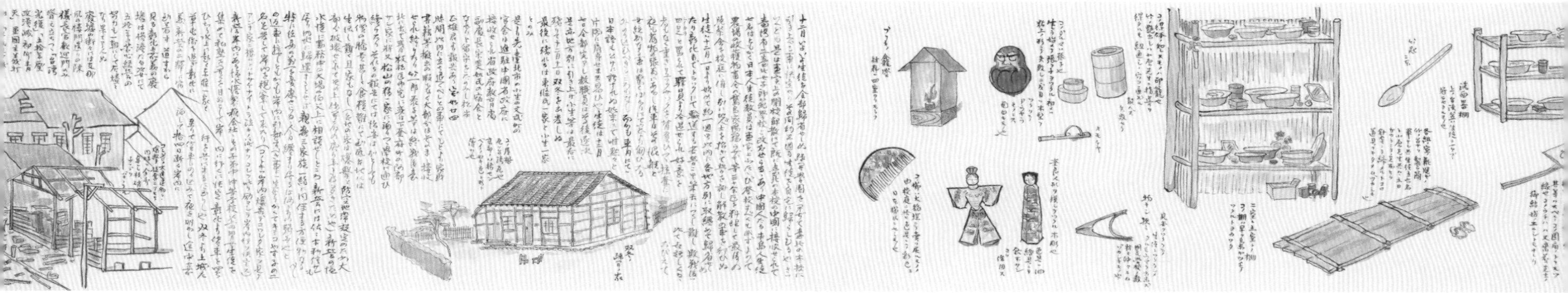

前排右起：喜久四郎先生、白澤果先生、張良澤先生。
後排右起：中野幹子女士、岩根多喜男先生。

塩澤亮先生夫婦遺像
二〇〇六年四月二十五日攝於松島町塩澤裏
先生自宅

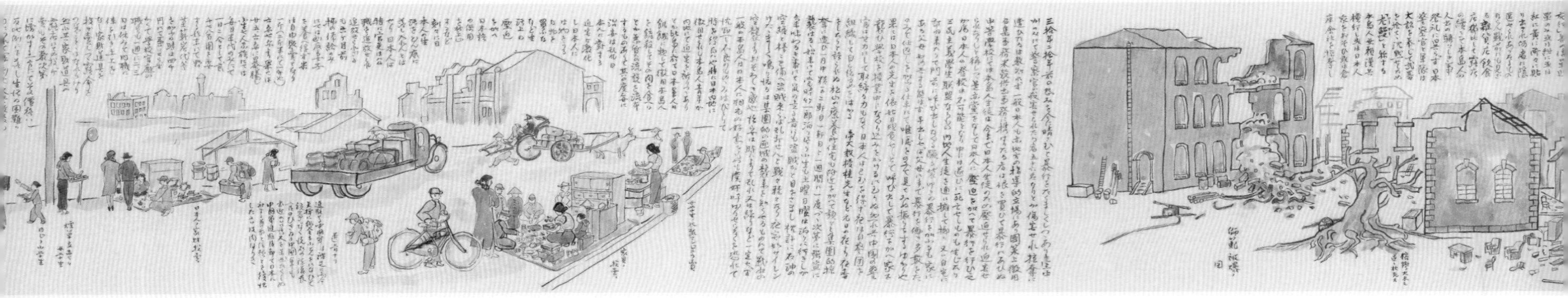

左起：么弟襄先生、二姊淳子女士、大姊泰子女士、張良澤先生、鐘舜文小妹。

塩澤襄亮先生夫婦晚年臥室位於故居後院，因行動不便而另建平房小屋。

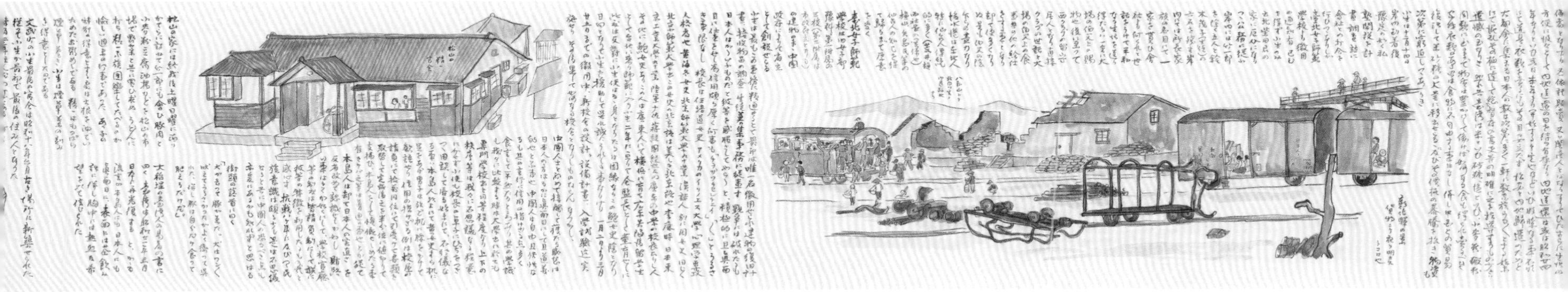

松島風光（鍾舜文攝）

二〇〇六年七月十七日攝於台灣文獻館
左起：謝嘉梁先生、張炎憲先生、
劉峰松先生、翁金珠女士、張良澤先生。
（長桌上所展示為複製的繪卷）

[illegible]に工夫が
あって明るい住居で、特に
十二畳あまりの[illegible]の應
接室は[illegible]として家
材のよい室であった
庭には一面島をつくり
ふんだんに[illegible] オクラ
が殊によく出来た 學
校の校地のため庭は
閑雅で[illegible]のうち
ささやかな泊り客への
多い家で縁側から
南門が直ぐ目の前に
縦貫三線道路が
門前を走っていた

昭和廿四年迄は歸れ
まいなど評判されてゐ
た内地歸還の事が
軍人の引揚が促進せられ〇月頃から續いて
原隊復歸が行はれ今
田前など總督府並
令復歸し次第に我は[illegible]
だしてきかへると共に遣
家族の歸還は三月初旬
より實施せられ一般日僑の
調査が一次二次、省政府
と日僑互助會と双方にて
歸還日時の希望を書き
入れて行はれ初まる その實現が次第に身近く迫って来た 我々徴用の
者は果して歸れるものやら歸れないものやら不安と焦燥とにあせた
しい状態が一般にみなぎる 官廳學校會社の徴用者は集團的に
或は個別的に内地歸還の許可徴用解除を願ひ出たが許されなか
つた 日本人が居なければ臺灣の産業も行政も鉄道も電氣も
砂糖も經營も出来ないのである 臺北師範の徴用者も不許可となった
小生も駄目で如何に頼っても全人はともかく塩澤先生のみは出来ぬと
拒否し却て小生の優遇の道を考へて呉れる始末であった 精一は新
竹用と[illegible]の事はよく知ってゐて難なく徴
用の解除となった 松本もよく歸る 高雄の[illegible]さんも[illegible]子が歸る
お暇乞ひに来た その中宮岸内の方は一般人として歸還命令が
發令されました 早速とんで行って見ると三月二十日集合である 係も既に
その日が過ぎたのでキミコのマラリア發熱を理由に延期し 臺北の女子
師範の徴用を解除して
貰ひ[illegible]

一般地方人と
して歸還さ
事に[illegible]
[illegible]解除[illegible]
は到底のぞめさ
うもなく[illegible]
新竹を離れて
[illegible]
[illegible]で[illegible]
[illegible]

[illegible]
日本人の[illegible]
あると[illegible]
[illegible]
[illegible]
[illegible]
[illegible]
[illegible]
校長に直接
[illegible]
にて松山に泊り
と松一郎と臺北
[illegible]
まで運をつけて呉れたのは大助かりであった
その時松山の方に歸國命令があってやすよは
たその時岸内の方にも京[illegible]歸國命令が出て
日[illegible]
松山の歸國準備の手助をして三月廿日歸って来
松山に行って留守、徴用は解除されず あれや
これやで家財の整理は[illegible] ところがやすよは
[illegible]
衣類をまとめる 買ひ漁った[illegible]や砂糖や[illegible]
[illegible]買ひに来て運んで行く本島人の
群の整理をする [illegible]
[illegible]クラブに置き放しにしたもの大部分である
臺北でなくしたもの松山に置って来たもの七千冊位の図書が近に僅かに
船中で読む二三冊の外は捨てて来たも同然である 残念とも諦めきれない
やっとの事で新營兵事部に集合すると病院船の都合で三十日位まで
延期されるとの事 [illegible]
ので病院船送還という事なったのである 仕方がない、こんな事なら
もっとゆっくりと準備すればよかったと口惜しがるが後の祭である 丁度近
くに佐々木サンの家があるので子供等は花は病院[illegible]
めた 任校長に会ひ解除の許可書をもらってくる事にき
小生は臺北にて任校長は別れの挨拶に来たことにひどく喜び併給と六百円の
餞別を呉れた その六日目には臺北師範の話先生めずらしく空田も
生に贈ってしまのた 紫田サンは徴用解除のない為臭さんと子供六人と
を國に歸したそうで唯一人[illegible]としてゐた 臺北では内地に来寄
も絶と異でし中國に歸化しようといってゐた人もある 樋々辛苦五十年四十
年の経営が一朝にして無になり果てると不悪様さでその上歸るべき
内地の親戚もないと不親のみでかなしい極である 銀行や貯蓄組合で
下ろせるだけの金はおろした 頼みたならぬ不安な人のうはさも聞きさる
住きかせられた 鳥のは道義の頽廢とぶ事であった 學校教員も
軍人も役人も一般人も衣食に追はれ飢餓を知るのえとしか思はれない
金はねど…… という品性と道義など昔々の日本のお伽噺としか思
はれなかった 氣起ったまさへ途ちかうと覇が焼け残った建物の中に天
幕やら張り與山サンが焼け残った荷物道具をひろげたらじとした姿して
買ってゐた まことに悲しい泣せて慰めの言葉も出なかった
三月廿四日新營に歸り手續お授が終って塩水港製糖會社の徴用
解除の人々と一緒の隊で高雄から歸國することになった 大場の伯父上と
佐々木サンとは徴用で丸目まで残ることで兩者 新營出發は三日早目
と決定、荷物を背負って新營の驛まで約六日の中依かくなけて完全
いのびてしまひ果してこの病氣で仙台までゆかうかしらと想ふ見舎る

○規定の持物は次の通りである
洗面器類
洗面器 一 コップ 一 石鹸箱 一 タオル 一枚 歯ブラシ 一本
歯ハミガキ 一瓶 石ケン 二ケ 化粧品 若干
寝具類
綿布團 二枚 枕 二ケ 布團カバー 二枚 蚊帳 一張
毛布 一枚 毛布 二枚
着物類
冬着 三着 夏着 三枚 メリヤス 一枚 オーバーコート 一着
サルマタ 三枚 シャツ 四枚 短靴下 三足 長靴下 三足

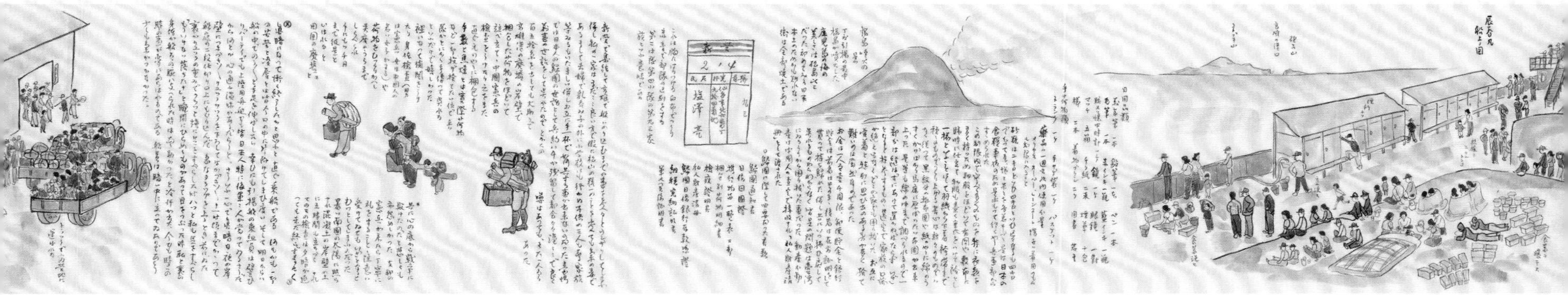

見聞・影像 visits & images 05

從臺中雙冬疏散學校到內地復員：一位臺北女子師範學校教授在戰爭末期的紀錄

作者・塩澤亮｜**譯者**・張良澤｜**責任編輯**・林育薇、龍傑娣｜**編輯協力**・方冠茹、郭佩靖｜**校對**・楊俶儻｜**美術設計**・林宜賢｜**出版**・遠足文化事業股份有限公司・第二編輯部｜**社長**・郭重興｜**總編輯**・龍傑娣｜**發行人兼出版總監**・曾大福｜**發行**・遠足文化事業股份有限公司｜**電話**・02-22181417｜**傳真**・02-86672166｜**客服專線**・0800-221-029｜**E-Mail**・service@bookrep.com.tw｜**官方網站**・http://www.bookrep.com.tw｜**法律顧問**・華洋國際專利商標事務所・蘇文生律師｜**印刷**・凱林彩印股份有限公司｜**初版**・2019 年 4 月｜**定價**・600 元｜**ISBN**・978-957-8630-92-5｜**版權所有・翻印必究**｜本書如有缺頁、破損、裝訂錯誤，請寄回更換

國家圖書館出版品預行編目 (CIP) 資料

從臺中雙冬疏散學校到內地復員：一位臺北女子師範學校教授在戰爭末期的紀錄 /
塩澤亮作；張良澤譯 .-- 初版 .-- 新北市：遠足文化，2019.04
面；　公分 .--（見聞．影像；5）
ISBN 978-957-8630-92-5（精裝）

1. 臺北師範學校女子部 2. 日據時期 3. 臺灣史

525.933/101　　107020596

二十一日の宮崎下車帆して四日五に鹿児島港着なると後

年指五郎勢の引揚者なに乗車乗に入ハの団士直後

担当に移動した。十ハ名まで始名といた来京に迎へに来たこと

書を夫ゆく皆で交替し毎に来座ぐに元気になってきた様ひな

り。我の街は過にうて紙運送て残多はるるうたに

リ月屋の水かり子の四日かけて北固かけて氷座

ずく金交し様れ一日十時間とす報運ぐうたに気

まして内内八父来引揚援護文に頭要なす世話に天座

あま上て千ものよろしき人が与えくりたしのにこ本ここ

そて慈善さのようてものも日本たれ記で輝きつや

く食でもものかてりちて筆よより多具もて食国目

そ保しものよだ年誌こて正本にだをう来り中で

焼んて帰のびのえ引山時軍軍の原因を座に

家宝に憎さん付き地給へけ山ぶ座で弘月く農藤め

れくら宮のやわらずで正山ふなる置とあると

あらいて宮のやわらず正山ふなあると

ることいり飛をし山余かた三をと

ても何気にひ会ひんても

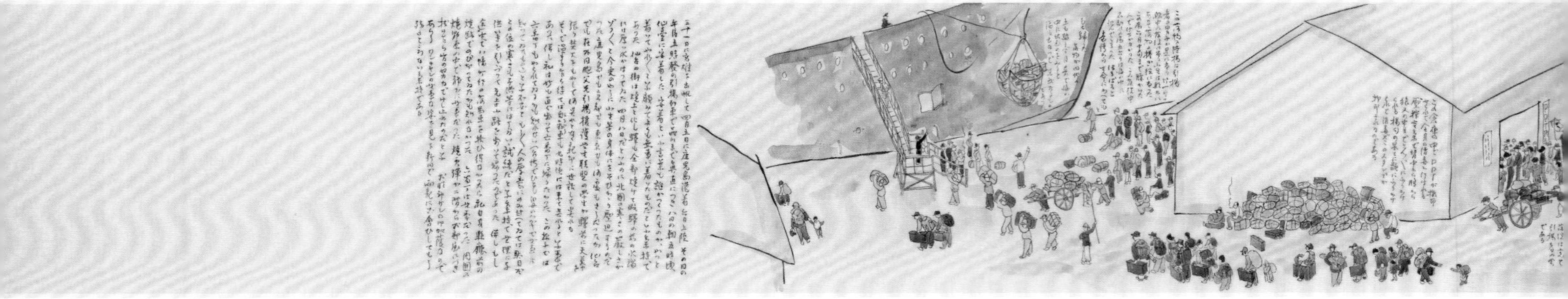